사람을 끌어당기는
우아한 ✦ 말센스

사람을 끌어당기는
우아한 ✦ 말센스

애쓰지 않아도
품위 있게 말하는
대화의 습관

신희영 지음

알토북스

프롤로그

우아한 말,
나를 단단하게 만드는 습관

'말하기'는 내 인생에서 절대 떼어 놓을 수 없는 큰 축을 담당하는 주제이다. 나는 그저 가벼운 마음으로 놀기만 해도 되었던 어린 시절에도 유독 '말'에 대해서만큼은 진지했다. 말은 강력한 힘을 지니고 있으며, 그 힘이 사람을 살리기도 하고 때로는 무너뜨리기도 한다는 사실을 깨달은 뒤, 나는 말이라는 행위에 깊은 매력을 느끼게 되었다.

단순히 유려한 언어로 잘 말하는 사람이 되고 싶었던 것은 아니다. 말이 곧 나 자신이 되고, 내가 곧 말이 되어, 진심이 담긴 언어로 사람들과 소통하고 싶다는 소원을 품었다. 어떤 말을 하느냐보다 그 말을 건네는 '나'라는 존재 자체가 메시지가 되기를 간절히 바랐다.

'말하기'와 관련해 처음으로 떠올렸던 직업은 아나운서였다. 그래서 대학을 졸업한 뒤 아나운서로 활동했고, 현재는 스피치 강사로 살아가고 있다. 말하는 능력을 전문적으로 갈고닦아, 그 힘으로 많은 이에게 긍정적인 영향을 전하는 삶. 나는 늘 '말하기'를 중심에 두고 살아가는 중이다.

많은 기업과 학교, 기관으로부터 말하기 스킬과 소통에 관한 교육을 자주 의뢰받는다. 교육 담당자들은 업무 현장과 조직 내 관계에서 효과적인 커뮤니케이션이 얼마나 중요한지를 절실히 느끼고 있다고 말한다. 특히 프레젠테이션의 경우, 비교적 짧은 교육과 1:1 코칭만으로도 발표 능력이 눈에 띄게 향상되는 모습을 볼 때마다 큰 보람을 느낀다.

하지만 타인과의 적극적인 소통이 필요한 '대화' 영역에서는 단기간의 교육만으로 빠른 변화를 끌어내기 어렵다는 한계를 종종 경험하며 아쉬움을 느낀다. 그럴 때마다 '어떻게 하면 말하기에 근본적인 변화가 일어날 수 있을까?'라는 질문을 스스로에게 던지게 된다.

그리고 그 고민은 점차 겉으로 드러나는 말하기 기술을 넘어 보다 본질적인 것에 초점을 맞추게 했다. 말하기는 단순한 기술이 아니라 마음과 생각, 그리고 태도가 담긴 전인적인 표현이기 때문이다. 진정한 변화는 말의 겉모습이 아닌 내면을 가꾸는 데서 시작된다는 사실을 점점 더 깊이 깨닫고 있다.

 인생을 살아가면서 말을 잘한다는 것은 실로 많은 유익을 가져다준다. 그래서인지 말하기와 관련한 교육은 꾸준히 인기가 있고, "어떻게 하면 말을 잘할 수 있을까요?"라는 고민 섞인 질문 또한 자주 받는다.
 아나운서처럼 유창하게 말하는 것은 분명 멋진 일이다. 하지만 그보다 더 중요한 것은 '듣는 이에게 좋은 인상을 남기는 말하기'라고 생각한다. 그리고 나는 그것이야말로 일과 관계에서 더 큰 기회와 성공을 이끄는 핵심이라고 확신한다. 목소리가 좋고 발음이 또렷하며, 내용 구조가 잘 짜인 말을 하더라도 이상하게 호감이 가지 않거나 마음이 움직이지 않는 경우가 있다.
 반면, 말이 다소 서툴고 완벽하지 않더라도 대화를 나누다 보면 신뢰가 생기고, 함께 있고 싶다는 느낌이 드는 사람도 있다. 이처럼 우리의 말에는 단순한 기술만으로는 전달할 수 없는 어떤 깊은 의미가 담기게 마련이다. 나는 그것을 '마인드와 태도에서 우러나오는 품격'이라고 부르고 싶다.

 이 책은 단순한 말하기 기술서가 아니다. 나와 타인을 대하는 태도에 변화를 일으키고, 그 변화가 자연스럽게 좋은 말하기 습관으로 이어지도록 돕는 내용을 담고 있다.

첫 장에서는 품격 있는 말하기가 어떻게 삶의 강력한 무기가 될 수 있는지를 먼저 이야기한다. 이어지는 장에서는 말하기를 변화시키기 위해 언어적 표현뿐 아니라 내면의 방향이 어떻게 달라져야 하는지를 함께 살펴본다. 마음과 태도의 전환이 일어났다면, 이제 실천 가능한 일곱 가지 말하기 습관을 직접 익히고 자신의 것으로 만들어 보자. 마지막 장에서는 누군가처럼 말 잘하는 사람이 되는 것을 넘어, '나만의 우아함'과 '나만의 품격'을 향해 나아갈 수 있는 용기를 얻길 바란다.

나는 지극히 평범한 사람이다. 말을 뛰어나게 잘하는 편도 아니다. 그런데 감사하게도 나는 오랜 시간 말하기 영역에서 일하고 가르치며 긍정적인 평가를 받으면서 지내고 있다. 단지 아나운서 경력에서 비롯한 역량 때문만은 아니다. 상대방을 존중하고자 하는 진심과 고민에서 나온 표현, '예쁜 말이 예쁜 마음'에서 나오도록 끊임없이 자신을 돌아본 노력이 만나는 분들에게 전해진 덕분이라 생각한다.

나를 사랑하고 아끼는 방법 중 하나로, 상대를 고려하거나 의식하지 않는 태도를 권하는 메시지가 많아진 시대다. 하지만 그 방법이 늘 최선은 아니다. 상처받지 않기 위한 방어적인 말하기에서 더 나아가 적극적으로 관계를 지키고 가꾸는 말하기를 선택할 때 우리는 가장 좋은 것을 취할 수 있다.

이 책을 읽는 독자들도 지식과 마음, 의지가 담긴 균형 있는 말하기 훈련을 통해 나만의 품격을 멋지게 만들어가길 기대한다. 책과 함께 하루하루 우아한 말하기를 실천해 갈 때 어느샌가 누군가를 편안하게 대하고, 긍정적인 반응을 얻고, 무엇보다 행복해진 자신의 모습을 마주하게 될 것이다.

이 책을 쓰기까지 받은 도움은 이루 말할 수 없다. 먼저 나를 사랑하시고, 사랑하는 법을 가르쳐 주시는 좋으신 하나님께 감사드린다. 아이 둘을 낳고도 경력이 단절되지 않을 수 있었던 것은 양가 부모님의 헌신적인 사랑 덕분이다. 이 책에 담긴 다양한 현장 사례들은 그들의 육아 도움 없이는 절대 들을 수 없었을 이야기들이다.

나의 남편은 누구보다 나의 책을 바라고 기다려 왔다. 그는 내 인생의 파트너이자, 트레이너이자 상담가이다. 스스로 가능성을 의심하고 주저할 때마다 변함없이 격려하고 지지해 준 덕분에 이렇게 첫 책을 쓸 수 있었다. 우리 선율이와 로은이, 내가 지금의 이 부족한 수준에 머물러 있지 않도록 성장시키는 통로이자 귀한 보석들이다. 내 입술에서 나오는 가장 좋은 열매는 그 누구보다 내 자녀들이 누릴 수 있도록 하는 것이 나의 목표이자 바람이다.

마지막으로 이 책의 가능성을 발견해 주고 믿어 준 출판사와 앞으로 이 책을 읽게 될 미래의 독자들에게 깊은 감사를 드린다.

저자 신희영

차례

프롤로그
우아한 말, 나를 단단하게 만드는 습관　　　　　　　　8

1장

품격 있는 말은
삶의 강력한 무기가 된다

품격 있는 사람은 우아하게 말한다　　　　　　　　19
외모와 실력을 뛰어넘는 말과 태도　　　　　　　　26
품격 있는 말은 호감의 문을 여는 티켓이다　　　　　33
품격이 곧 설득력이다　　　　　　　　　　　　　　40
개인과 조직을 변화시키는 말의 힘　　　　　　　　46
언어 자산에 대한 투자는 실패가 없다　　　　　　　53
언어는 내가 도달할 곳의 방향키이다　　　　　　　61

2장

우아한 말하기는 마음에서 시작된다

아무리 결심해도 소용이 없는 이유	71
자신에 대한 부정적인 생각의 사슬을 끊어 내라	78
나를 존중하고, 동시에 상대를 존중하라	86
우아한 사람은 자신의 감정을 잘 보살핀다	95
판단의 마음에서 헤아리는 마음으로	102
자신을 포장하고 싶은 유혹에서 벗어나라	110

3장

말하기 전에 놓치지 말아야 할 것들

나를 인정할수록 자유로워진다	121
순수한 관심이 좋은 질문을 만든다	128
표현보다 의도가 중요한 순간이 있다	135
침묵이 깊이 있는 대화로 나아가게 한다	143
태도, 몸짓, 메시지가 일치된 말하기	151
완벽함이 아닌 '연약함'이 우리를 연결한다	159
관계는 '장기전'이라는 것을 기억하라	167

4장

우아한 사람으로 만드는 7가지 말의 습관

나에게 가장 잘 어울리는 '목소리 톤'을 찾아라	**177**
상대에게 온전히 집중할 수 있는 '환경'을 만들어라	**184**
따뜻한 분위기는 따뜻한 눈빛에서 나온다	**192**
일관되고 명확하게 메시지를 전달하라	**200**
언제나 상대를 배려하는 단어를 선택하라	**208**
자연스럽지만 절제된 제스처를 취하라	**215**
상대방에 따라 말하기 스타일을 조율하라	**223**

5장

우아함은 타고나는 것이 아니라 만들어진다

당신만의 우아함이 반드시 있다	**233**
우아함의 본질은 편안함이다	**241**
내면과 외면의 끊임없는 줄다리기	**247**
내 안에서 사랑을 발견하기	**254**
눈과 귀를 좋은 환경 가운데 두라	**261**
글쓰기를 통해 당신만의 언어 세계를 구축하라	**268**
10년 후, 더 아름다워질 나를 꿈꾼다	**275**

1장

품격 있는 말은
삶의 강력한 무기가 된다

사람은 말로 자신을 드러냅니다. 어떤 말은 신뢰를 주고, 어떤 말은 기회를 만들어 냅니다. 품격 있는 말은 단순히 고운 표현이 아니라 삶의 태도이자 전략입니다. 말은 나의 가치를 높이는 가장 효과적인 방식이 될 수 있습니다.

지금 내 말은 나를 어디로 이끌고 있을까요? 말이 곧 나의 '가능성'을 결정합니다.

품격 있는 사람은
우아하게 말한다

나는 브랜드 로고가 눈에 띄지 않으면서도, 소재가 좋고 디자인이 단정한 가방을 좋아한다. 어느 날, 인터넷을 검색하다 우연히 마주한 'ㅇㅇㅇ'라는 이름의 가방을 보고 한눈에 마음을 빼앗겼다. 선뜻 사지는 못하고 오랫동안 마음속 위시리스트에 조용히 담아두기만 했던 붉은빛 클러치백. 마침 다가올 기념일을 핑계 삼아 나에게 선물하듯 마침내 손에 넣었다. 결제를 위해 사이트를 살펴보다가 디자이너의 소개글을 읽는 순간, '역시 그랬구나. 괜히 끌린 게 아니었지.' 하고 속으로 고개를 끄덕였다.

"영혼은 몸의 내부에 있어서 비가시적이지만 그 사람의 말, 태도, 눈빛을 통해 그것을 느낄 수 있습니다. 이처럼 브랜드의 가치도 눈에 보이지 않지만, 그 가치를 가시화한 디자인을 통해서 볼 수 있습니다. 사람에게는 화려하지 않아도 좋은 느낌과 그만의 향기가 있는 사람이 있고, 트랜디한 것과 명품으로 치장해도 전혀 아름답지 않은 사람이 있습니다. 내부에 아름다움이 있지만 그 아름다움은 어떻게든 외부로 드러납니다."

가방 브랜드 소개의 첫 문장이 '영혼'이라니! 다소 의외였지만, 오히려 내 생각과 맞닿아 있다는 반가움에 마음이 한층 더 끌렸다. 디자이너를 직접 본 적은 없지만, 그 글에는 분명 품격이 배어 있었다. 처음 나를 사로잡았던 우아한 가방 디자인이 절대 우연히 나온 것이 아니라는 확신이 들었다.

이후 그곳에서 가방을 하나 더 구매했고, 자주 사용한 끝에 결국 가죽이 마모되어 A/S를 맡기게 되었다. 며칠 후, 낯선 번호로 걸려온 전화를 받자 뜻밖에도 ○○○ 회사 대표님이었다. 공장 측에서 가죽 소재 특성상 수선이 어렵다는 답변을 받았다며 정중하게 상황을 설명하셨다. 그런데 그 말로 끝나지 않고, 예상치 못한 제안이 뒤따랐다.

"해진 가방을 보며 고객님께서 얼마나 애정을 담아 사용해 주셨는지 느낄 수 있어, 진심으로 감사한 마음이 들었습니다. 수선이 어렵다는 점은 저희도 무척 안타깝게 생각하고 있습니다. 동일한 제품을 다시 구매하시기에는 부담이 크실 것 같아 내부적으로 고민을 거듭한 끝에 한 가지 제안을 드리고자 합니다. 현재 쇼룸에 전시 중인 동일한 제품이 하나 있는데, 그 가방을 보내드리는 건 어떨까 하는 의견이 나왔습니다. 괜찮으실까요?"

단순한 안내 차원의 응대가 아니라 해결책을 찾기 위해 직접 회의까지 진행했다는 점도 인상 깊었지만, 무엇보다 전화기 너머로 전해지는 말투와 태도 속에서 느껴진 깊은 존중과 배려에 큰 감동을 받았다. 그날 이후 나는 ○○○사의 충성 고객이 되었고, 이 브랜드가 오래도록 많은 이에게 사랑받기를 진심으로 응원하게 되었다. 그녀가 전한 말 한마디, 그 속에 담긴 태도와 철학은 단순한 친절을 넘어 브랜드의 품격과 가치를 더욱 빛나게 한 특별한 순간이었다.

얼마 전, 백지연 아나운서의 유튜브 채널을 보던 중 과거 그녀의 직원으로 일했던 한 여성에 대한 이야기를 접하게 되었다. 당시 백 아나운서는 방송 활동 외에도 강남의 한 사무실에서 회사를 운영하고 있었고, 바쁜 일정 속에 종종 사무실 근처 중식당에서 식사를 해결하곤 했다고 한다. 그 식당에는 유독 마음이 가는 직원이 있었다. 방문할 때마다 환한 미소로 반겨주었고, 외적인 매무새 또한 언제나 단정하고 정갈했다.

"오늘 날씨 참 좋죠?", "식사가 늦으셨네요. 따뜻한 차 한 잔 드릴까요?", "요즘 피곤하지 않으세요?"

짧은 인사 한마디에도 세심한 배려가 묻어났다. 바쁘고 지친 하루 속에서 그녀의 따뜻한 말은 작은 위로처럼 스며들었다는 것이다. 백 아나운서는 그런 그녀의 모습을 보며 '참 태도가 좋은 분이야. 어디에서든 일을 잘하실 것 같아.'라는 확신이 들었다고 전했다.

마침 회사에 공석이 생기자 백 아나운서는 자연스럽게 회사 앞 중식당의 직원을 떠올렸다. 그녀가 기꺼이 제안을 수락하면서 정식으로 채용하게 되었고, 서비스 중심의 업무를 주로 해왔던 터라 처음에는 직무 교육과 적응 기간이 필요했지만, 곧 자리를 잡고 회사의 일원으로서 훌륭한 역할을 해냈다. 무엇보다도 중식당에서 일할 때 그 공간을 환하게 만들었던 것처럼 백 아나운서의 회사 역시 그녀 덕분에 밝고 따뜻한 분위기로 채워졌다고 한다.

전혀 다른 분야에 있던 사람의 가능성을 어떻게 그렇게 정확히 알아보고 채용할 수 있었을까. 백지연 아나운서의 사람을 보는 안목이 놀랍다는 생각과 함께 자연스럽게 그 직원이 어떤 사람인지 궁금해졌다. 나와 같은 마음을 품은 이가 많았던 걸까. 얼마 지나지 않아 그 중식당 직원이 유튜브 채널에 직접 출연하게 되었다.

그녀를 직접 마주한 순간, 백 아나운서의 말을 들으며 떠올렸던 이미지보다 훨씬 더 깊은 인상을 받았다. 사람을 대할 때의 따뜻한 눈빛, 부드러운 미소, 정갈한 말투와 겸손한 태도까지 모든 것이 자연스럽고도 단단했다. 화려하게 꾸미지 않았어도 '품격 있고 우아한 사람'이라는 표현이 아깝지 않았다. 종종 외적으로는 아름다워 보이지만 입을 여는 순간 그 이미지가 무너지는 경우도 있다. 그러나 그녀는 달랐다. 오히려 말이 더해질수록 외적 인상은 한층 빛을 발했고, 그 속에 깃든 내면의 아름다움까지도 고스란히 전해졌다.

내면에서 우러나온 품격을 외부로 전달해 주는 가장 강력한 매개는 다름 아닌 '말'이다. 한 방송 프로그램에서 다양한 부부의 위기 상황을 상담하는 전문가가 출연한 적이 있었다. 진행자는 그에게 결혼에 실패하지 않기 위해선 어떤 사람을 선택해야 하는지, 그 기준이 있다면 무엇인지 물었다. 전문가는 좋은 사람인지 100% 확신할 수 있는 방법은 없지만, 그나마 가장 확실한 기준이 있다면 '그 사람의 언어를 들여다보는 것'이라고 답했다. 언어는 그 사람이 가진 정신의 정수이기에 어떤 단어를 사용하고 어떤 문장을 구사하는지를 보면, 그 사람 인격의 결과 모양이 드러난다는 것이다.

『성경』에도 '우리가 다 실수가 잦으니, 말에 실수가 없는 자라면 곧 온전한 사람'이라는 구절이 있다. 말은 단순한 의사소통의 수단이 아니라 그 사람의 인격 전체를 반영하는 거울과도 같다. 우리가 성숙하고 아름다운 인격을 지닐수록 우리의 말 또한 그에 걸맞게 우아하고 품위 있게 표현될 수 있다. 결국 품격 있는 사람이 우아하게 말할 수 있다는 이 단순한 진리를 떠올리며, 진정한 우아함을 위해 가장 먼저 변화되어야 할 것은 '말'이라는 사실을 다시금 깨닫게 된다.

요즘은 빠르고 자극적인 표현이 넘쳐나는 시대다. 그 가운데 우아한 말은 드물기에 더 돋보이고 그 자체로 빛을 발한다. 상대에 대한 배려와 존중이 담긴 말, 상황에 맞는 절제와 유연함을 갖춘 말, 듣는 이에게 편안함과 따뜻함을 전하는 말. 이런 말을 건넨 사람, 그 순간을 우리는 쉽게 잊지 못한다. 그만큼 보기 드물고, 별것 아닌 듯 보여도 실로 강력한 힘을 지닌다.

격식 있는 언어는 단지 대면 상황에서만 필요한 것이 아니다. SNS나 메신저 같은 짧은 비대면 소통 속에서도 말의 품격은 분명히 드러난다. 우리가 우아한 말의 가치를 인식하고, 그것을 길러내기 위한 노력을 기울인다면, 말은 곧 삶의 경쟁력 있는 무기가 된다.

'말'과 '생각', '마음'과 '태도'는 서로 순환하며 조화를 이룬다.

마음이 고요하면 생각이 맑아지고, 맑은 생각은 차분하고 부드러운 말로 이어진다. 또한 말의 품격을 의식하고 긍정적으로 바꾸기 위해 애쓰다 보면 생각과 태도 역시 자연스레 균형을 찾아간다. 말은 내면을 비추는 동시에 내면을 다듬는 도구가 된다. 품격 있는 사람은 우아하게 말하고, 우아한 말은 결국 나를 품격 있게 만들어 주는 삶의 기술이 된다.

하루 한 문장, 우아하게 말하기 실전 팁

오늘 만남의 첫마디를 거울 앞에서 연습해 보자.

- "만나 뵙고 싶었습니다."
- "요즘 근황이 궁금했어요."
- "요즘 건강은 괜찮으세요?"

말을 건네는 표정이 부드러운지, 말투는 따뜻한지, 태도에서 친절함이 느껴지는지를 점검해 보자.

외모와 실력을 뛰어넘는
말과 태도

　처음 공중파 아나운서 시험을 치르기 위해 여의도 방송국에 갔을 때의 그 느낌은 지금도 잊히지 않는다. '이 세상에는 키 크고 예쁘고, 실력 있는 사람들이 정말 많구나.' 그날 주변 지원자들을 곁눈질로 바라보며 속으로 그런 생각을 되뇌던 내 모습이 아직도 생생하다. 현장에 모인 많은 지원자를 보며, '과연 내가 아나운서로 뽑힐 만한 조건을 갖추고 있긴 한 걸까.' 하는 의심이 계속해서 마음을 스쳤다.

　본격적으로 아나운서 준비에 뛰어들었던 대학교 4학년 무렵, 우리 집 형편은 그리 넉넉하지 않았다. 다른 아나운서 지망생들처럼 다양한 지원을 받기에는 현실적으로 여유가 없었다. 게다가 중학교 시절부터 대학까지 반복된 화농성 여드름으로 인해 꾸준한 피부 관리가 필요했지만, 간헐적으로 피부과를 찾는 것 외에는 별다른 방법이 없었다. 그 당시 아나운서 지망생이라면 누구나 다닌다는 아카데미 학원은 수강료가 너무 비싸 포기할 수밖에 없었다. 대신 나는 그 비용의 4분의 1 수준으로 기독교 방송국 아카데미에서 교육을 받고 수료했다. 의상도 마찬가지였다. 당시에는 카메라에 얼굴이 잘 받는다는 이유로 선명한 색상의 맞춤형 아나운서 정장을 입는 것이 거의 불문율처럼 여겨졌다. 하지만 가격이 너무 고가라 선뜻 시도할 수 없었다. 결국 나에게 잘 어울리는 짙은 색상의 차분한 기성복 한 벌을 골라 입고 면접을 다녔다.

몇 차례 방송국 시험에 도전했다가 고배를 마시던 어느 날, 채용 사이트에 올려둔 내 이력서를 보고 한 대기업 방송팀에서 연락이 왔다. 아나운서 두 명을 선발하는 전형이었는데, 이미 200명 가까운 지원자가 시험을 치렀지만 적합한 인재를 찾지 못해 단 한 명만 선발했다는 설명이었다. 그리고 나에게 추가 시험과 면접 기회를 제안하고 싶다는 것이다. 얼떨떨한 마음으로 다음 날, 회사 스튜디오의 카메라 앞에서 원고를 읽었다. 이어 방송팀 팀장과 짧은 면접을 마치고 조용히 자리를 나섰다.

며칠 뒤, 팀장님에게서 뜻밖의 연락이 왔다. 면접을 직접 진행한 그분을 제외한 모두가 내 채용에 반대했다는 소식이었다. 이유는 다름 아닌 피부 트러블 때문이었다. 그리고 그는 조심스럽게 물었다.

"두 달 정도의 시간을 드리면 피부를 개선해서 다시 올 수 있겠습니까?" 그 말속에는 외적인 조건과 주변의 반대를 넘어서라도 꼭 나를 채용하고 싶다는 팀장님의 강한 의지가 담겨 있었다.

채용 과정에서 '두 달의 시간을 줄 테니 이후에 다시 만나자'는 제안을 받아본 사람이 과연 얼마나 될까. 두 달 뒤 다시 면접을 본 나는 결국 채용되었고, 그것이 내 아나운서 생활의 첫 시작이 되었다.

솔직히 궁금했다. 외모가 뛰어난 것도 아니고, 정식 아나운서 아카데미에서 체계적인 훈련을 받은 것도 아니었으며, 방송 경력 역시 전무했던 나를 왜 그토록 간절히 채용하고자 했을까.

나중에 들은 이야기로는 면접 당시 내가 보여 준 '말과 태도' 때문이었다고 한다. 성품이 좋아 보여서 방송팀과 잘 어울릴 수 있을 것 같고, 쉽게 포기하거나 그만둘 사람 같지 않았다는 것이다.

진짜 실력은 스펙이 아니라 '태도'에서 드러난다. 좋은 인상은 겉모습이 아니라 상대가 나와 함께하고 싶다고 느끼게 하는 마음에서 생겨난다. 실제로 나는 근무하는 내내 꾸준히 실력을 쌓아가며, 방송국 팀원들과 잘 어울리는 즐거운 아나운서 생활을 이어갔다. 그곳은 퇴사 후 15년이 지난 지금도 다시 찾아가 보고 싶을 만큼 소중한 추억이 깃든 공간으로 남아 있다.

외모나 이력보다 나의 '말과 태도'를 높이 평가해 준 그분의 결정 덕분이었다. 내 가능성을 먼저 알아봐 주고, 기대를 담아 기회를 주었던 팀장님께 지금도 깊이 감사하는 마음을 간직하고 있다.

방송인 박경림 씨는 데뷔 26년 차에 접어든 베테랑 진행자다. 23세의 나이에 MBC 방송 연예 대상을 받으며, 최연소 수상자라는 타이틀과 함께 국내 최고의 여성 진행자 중 한 명으로 자리매김했다. 이후 10여 년간 영화·드라마 제작발표회와 토크쇼 무대에서 '최고의 사회자'로 손꼽히며 활발한 활동을 이어왔다.

그녀는 기존 여성 진행자의 틀을 과감히 깬 상징적인 인물이다. 개그맨도 아나운서도 아닌 독특한 위치에서 친근하면서도 안정감 있고 재치 넘치는 자신만의 진행 스타일을 만들어 냈기 때문이다. 그 시절 기준으로 보면, 그녀는 방송 진행자로서 분명 불리한 조건을 지니고 있었다. 방송계는 고운 목소리와 정확한 발음, 그리고 뛰어난 외모를 갖춘 아나운서나 배우들이 주로 진행을 맡던 시기였다. 하지만 그녀는 탁한 음색과 평범한 외모라는 편견을 뛰어넘어 자신의 강점을 갈고닦으며 누구도 대신할 수 없는 위치에 올랐다.

그녀의 성실한 태도를 가장 잘 보여 주는 예 중 하나는 바로 '철저한 사전 준비'다. 영화에 대한 정보는 물론 감독과 배우들의 전작과 인터뷰 내용까지 꼼꼼히 공부해 온다고 알려져 있다. 이 덕분에 어떤 인물을 만나더라도 형식적인 질문이 아닌 깊이 있는 대화가 가능했다.

준비는 노력의 흔적이자 상대에 대한 진심 어린 예의다. 겉으로 드러나지 않아도, 준비의 깊이는 대화의 깊이로 반드시 이어진다.

언젠가 〈유 퀴즈 온 더 블럭〉에 박경림 씨가 출연한 장면을 본 적이 있다. 평소에도 관심이 있었기에 그녀의 태도를 더욱 유심히 살펴보게 되었다. 특히 인상 깊었던 점은 진행자인 유재석 씨와 조세호 씨에게 말을 건넬 때마다 상대를 향해 몸과 고개를 온전히 돌려 눈을 맞추고 집중하는 모습이었다. '배려가 자연스럽게 몸에 밴 태도'였다. 진행자가 그녀를 높이며 칭찬하는 말을 건넬 때도, 언제나 감사 인사를 잊지 않았고, 오히려 자연스럽게 상대를 높이거나 공을 돌리는 말로 화답했다.

말을 잘하는 사람은 많지만 상대를 대하는 존중의 태도를 처음부터 끝까지 일관되게 지키는 사람은 생각보다 많지 않다. 그녀가 오랜 시간 동안 꾸준히 사랑받는 진행자인 이유를 다시금 확인할 수 있었다.

리더십 및 자기관리 전문가인 크리스틴 포래스 Kristin Porath의 저서 『무례함의 비용』에서는 '정중한 태도'가 협업에 긍정적인 영향을 미친다고 강조한다. 그녀는 무례한 행동이 조직 전체에 부정적인 영향을 끼치며 직원들의 스트레스 증가, 생산성 저하, 이직률 상승 등 여러 문제를 유발한다고 지적한다.

반면, 정중한 태도는 단순한 예의범절을 넘어 조직 내 신뢰 형성, 성과 향상, 긍정적인 업무 분위기 조성 등 다양한 측면에서 눈에 띄는 효과를 발휘하는 것으로 나타났다.

실제로 1만 건이 넘는 직장 내 인간관계를 조사한 결과, 사람들이 협업 파트너를 선택할 때 '이 사람이 일을 잘할까?'보다 '이 사람과 함께 일하면 즐거울까?'를 더 중요하게 여긴다는 사실이 드러났다. 정중한 말과 태도를 지닌 사람들이 협업의 기회를 더 자주 얻는다는 결론이다. 이는 단순한 능력보다 함께 일할 때의 '신뢰와 즐거움'을 더 크게 평가한다는 것을 보여 준다.

지금 당신이 기회를 얻지 못하거나 누군가에게 인정받지 못하는 이유를 타고난 외모나 부족한 실력 탓으로 돌리고 있지는 않은가. 하지만 이제는 그 마음의 방향키를 조금 바꿔보았으면 한다. 당신이 정중한 태도와 배려 깊은 말, 따뜻한 성품으로 주변 사람들을 대한다면 그들은 기꺼이 당신과 함께 시간을 보내고 싶어 할 것이다. 기회를 주고 싶고, 협력하고 싶다는 마음이 자연스럽게 생겨날 것이다. 외모와 실력을 뛰어넘는 말과 태도는 당신을 오래도록 빛나게 해 줄 가장 강력한 자산이다.

> **하루 한 문장, 우아하게 말하기 실천 팁**

품격 있는 말이 가져올 긍정적인 결과를 자신에게 말해 주세요.

- "내 말은 좋은 인연을 만들어 줄 거야."
- "내 말은 소중한 기회의 문을 열어줄 수 있어."
- "내 말과 태도에는 내 인생을 바꿀 수 있는 힘이 있어."

내가 먼저 내 말을 믿고 존중할 때, 그 말은 삶을 바꾸는 힘이 된다.

품격 있는 말은
호감의 문을 여는 티켓이다

우리는 매일 수많은 사람과 말을 주고받으며 살아간다. 하지만 그 모든 대화가 늘 좋은 결과로 이어지는 것은 아니다. 어떤 말은 꺼내는 순간 살얼음 같은 냉랭한 분위기를 만들기도 하고, 적절한 표현을 찾지 못해 망설이다 말할 타이밍을 놓칠 경우 어색한 분위기를 만들기도 한다. 매일 주고받는 말이지만, 단지 내가 원한다고 해서 상대에게 좋은 인상을 남기거나 긍정적인 분위기를 조성하는 것은 쉽지 않다.

하지만 짧은 시간 안에 좋은 인상과 대화, 분위기를 동시에 끌어내는 사람도 있다. 그중 한 사람이 유튜브 크리에이터 '천재 이승국'이라는 활동명으로 알려진 이승국 씨다. 처음에는 그를 잘 알지 못했지만, 국내에서는 보기 드문 할리우드 배우들의 인터뷰 콘텐츠가 주목을 받으면서 그의 영상을 자연스럽게 접하게 되었다. 휴 잭맨, 에밀리 블런트 같은 배우들부터 숀 레비 감독, 제이슨 블룸 같은 제작자들까지, 이승국 씨는 짧은 시간 안에 이들로부터 깊이 있는 이야기를 끌어내는 인터뷰어로 이름을 알리고 있다.

그중에서도 폭발적인 조회수를 기록한 영상은 드웨인 존슨과의 인터뷰였다. 할리우드 배우 인터뷰는 대개 일정이 빼곡하게 잡혀 있어 각 인터뷰어에게 주어지는 시간은 고작 5분 남짓이다. 그는 첫 질문을 던지기에 앞서 스몰토크의 하나로 자신이 드웨인 존슨의 프로레슬러 시절부터 팬이었다고 밝혔다. 그리고 어린 시절 자신이 따라 했던 레슬링 기술의 이름까지 구체적으로 언급했다. 그 순간, 드웨인 존슨은 예상치 못한 반응을 보였다. '정말 멋진 인터뷰가 될 것 같다'며 인터뷰 시간을 처음부터 다시 체크해 달라고 요청했고, 자신의 매니저에게 이 장면을 휴대폰 영상으로 촬영해 달라고까지 말했다.

"어린 시절 영웅 중 한 명이었던 당신과 인터뷰를 할 수 있어서 영광입니다. 제가 이 자리에 있다는 사실이 굉장히 자랑스럽습니다. (중략) 영화의 일부가 하와이에서 촬영이 되었는데 사모아 문화는 당신 삶의 큰 의미예요. 여기 있다는 사실이 얼마나 자랑스러우신가요?"

이승국 씨의 첫 질문에 드웨인 존슨은 잠시 말을 잇지 못했고, 곧 감사의 인사를 전한 뒤 사모아 문화에 얽힌 이야기를 진심 어린 태도로 풀어냈다. 그의 질문에는 단순히 영화 정보를 얻기 위한 목적을 넘어, 한 사람의 삶과 가치를 이해하고 존중하려는 진심이 담겨 있었다.

그 진심이 통했던 걸까. 인터뷰 내내 따뜻하고 진중한 분위기가 이어졌고, 드웨인 존슨은 마지막에 "한국이 당신을 자랑스러워하면 좋겠습니다!"라는 감동적인 말을 남겼다. 이 영상 하나로 이승국 씨는 자신의 커리어에서 또 한 번 도약할 수 있었다.

다른 영상에서도 마찬가지로 인터뷰어로서의 그는 말과 태도에서 품격이 느껴졌다. 상대를 향한 공감과 세심한 배려, 감정을 조절하며 말할 줄 아는 절제력, 그리고 인터뷰이를 진심으로 존중하는 마음이 그의 질문과 대화 전반에 자연스럽게 배어 있었다. 5분이라는 짧은 시간 동안 상대의 마음을 열고 진정한 호감을 끌어낼 수 있었던 이유는 무엇보다도 그의 품격 있는 말 때문이었다.

'말 한마디에 천 냥 빚도 갚는다'는 속담과는 달리, 품격 없는 말 한마디가 오히려 없던 빚을 지게 만드는 경우도 있다.

S강사는 어느 날 비즈니스 미팅 후 편안한 분위기에서 교육 컨설팅 회사의 대표 Y씨를 만났다. 함께 식사하면서 이런저런 이야기를 나누게 되었는데 대화의 8할은 Y씨가 주도하고 있었다.

"우리 회사가 요즘 큰 프로젝트들을 계속 따내고 있어요. 얼마 전 대기업에서 교육을 한 번 진행했는데 반응이 굉장히 좋았거든요. 이후 계열사에서도 우리 회사에 관심을 보이며 문의가 들어오더라고요. 요즘 정말 바쁘게 지내고 있어요." 자신의 회사에 좋은 일이 얼마나 많은지를 자랑하는 말들이 끊임없이 이어졌다. S 강사는 Y 씨의 일방적인 이야기를 듣기만 할 뿐, 그저 맞장구를 치는 것 외에는 달리 할 말이 없었다. 그뿐만이 아니었다.

"제가 아는 어떤 강사가 있는데요, 강사료에 대해 불만을 토로하더라고요. 경력에 비해 돈만 밝히는 느낌이랄까요. 사실 그 주제로 강의할 수 있는 강사는 많잖아요. 그래서 말인데…."라며 다른 강사에 대한 비난도 서슴지 않았다. 같은 업계를 대하는 태도에서조차 존중이 느껴지지 않아 S 강사는 불편함을 감추기 어려웠다. '이 사람과는 인연을 오래 이어가고 싶지 않다'는 생각이 자연스레 들었다.

초등학생 글쓰기 학원을 운영하는 P 씨는 수업을 마친 뒤, 학부모와 상담을 진행하고 있었다. 그때 갑자기 문이 벌컥 열리더니 글쓰기 학원 바로 위층에 위치한 피아노 학원 원장 L 씨가 불쑥 들어왔다. 서로 특별한 친분이 없고, 대화를 나눠본 적도 없는 사이였기에 P 씨는 예상치 못한 방문에 당황했다. 하지만 L 씨는 상담 중인 상황을 전혀 고려하지 않은 채, 자신의 말을 쏟아내기 시작했다.

"우리 피아노 학원과 연계해서 아이들에게 혜택을 주는 마케팅을 같이 해 보는 건 어떨까요?" P 씨는 상담 중이라 자세한 이야기를 나누기 어렵다며, 추후 다시 연락을 드리겠다고 정중히 말한 뒤 L 씨를 돌려보냈다. 협업을 제안받은 상황이었지만, L 씨의 배려 없는 말과 태도에 P 씨는 함께 일하고 싶은 마음이 전혀 생기지 않았다.

상황을 지켜보던 학부모 역시 불쾌한 인상을 받았다며 "저 피아노 학원에는 우리 아이 절대 안 보낼 것 같아요."라고 말할 정도였다. 결국 L 씨는 매너 없는 언행으로 인해 협업의 기회는 물론 한 명의 수강생까지 놓치게 된 셈이다.

말의 무게는 말하는 사람이 아니라 '듣는 사람의 마음'에서 결정된다. 아무렇지 않게 던진 말 한마디가 누군가에겐 따뜻한 온기가 되기도 하고, 반대로 거리감을 만드는 차가운 벽이 되기도 한다.

말의 품격은 단어의 선택에서 끝나지 않는다. 상대방의 시간과 상황을 헤아리는 마음, 그 사람의 일과 존재를 존중하려는 태도가 자연스레 배어날 때, 비로소 말은 품격을 갖게 된다. 말하기 전에 내 말속에 그 마음이 담겨 있는지 돌아보는 일이 필요하다.

가깝게 지내는 K 선생님은 최근 사업 확장을 위해 비즈니스 네트워크 모임에 참석하고 있다. 이 모임은 서로의 사업을 돕고 협력하며 함께 성장하자는 취지로 만들어진 자리다. 비즈니스를 목적으로 모인 만큼, 열정이 넘치고 짧은 시간 안에 호감을 얻는 일이 얼마나 중요한지 쉽게 짐작할 수 있다.

어느 날, 그 모임을 운영하는 디렉터 중 한 분이 "목적을 앞세우면 신뢰는 멀어집니다. 그러나 진심이 담긴 말과 태도는 호감을 낳고, 그 호감은 자연스럽게 기회를 만들어 냅니다."라고 강조했다고 한다. 실제로 그 자리를 찾는 많은 사람이 매출을 단기간에 끌어올리고 싶은 마음에 영업에만 몰두하는 경우가 많다고 한다. 하지만 진정성 없는 접근은 결국 관계를 지속시키지 못하고, 성장도 기대하기 어렵다는 것이다.

그날 들었던 디렉터의 한마디가 K 선생님의 마음에 깊이 남았고, 나 또한 말과 태도의 본질을 다시금 돌아보게 되었다.

사람은 누군가에게 호감을 느끼면, 단지 마음만이 아니라 함께하는 시간, 협업의 기회, 값진 노하우까지도 기꺼이 나누고 싶어진다. 그래서 어떤 사람의 경우 그 '호감' 하나로 일들이 거침없이 풀려나가기도 한다. 하지만 이 호감은 절대 가볍게 여길 '하나의 감정'이 아니다. 잠깐의 말재주로 얻어지는 것이 아니라 오랜 시간 다듬고 지켜온 말과 태도에서 비롯되기 때문이다.

누군가의 마음을 열고 싶다면, 우리의 말속에 공감과 존중, 배려와 따뜻함 같은 귀한 마음을 담아야 한다. 사람들은 놀라울 만큼 그 고귀하고 빛나는 것을 알아본다. 품격 있는 말은 결국 나를 향한 호감의 문을 여는 티켓이 된다. 그 문 너머엔 내가 상상하지 못한 소중한 만남과 기회가 기다리고 있을 것이다.

하루 한 문장, 우아하게 말하기 실천 팁

말로 호감의 문을 여는 세 가지

1. 모든 사람은 존중받아야 할 가치를 지닌 존재임을 기억하며, 마음으로 공감하기
2. 질문이나 대화를 나눌 때는 조심스러움과 배려의 톤을 담기
3. 험담, 비난, 불평 등 부정적인 이야기는 입에 담지 않기

말의 뿌리는 '마음'이다. 상대의 존재를 진심으로 존중할 때 말은 자연스럽게 따뜻해진다.

품격이
곧 설득력이다

　요즘 TV를 틀거나 휴대폰을 열면 말을 잘하는 사람들이 넘쳐난다. 개인 방송의 시대이기에 전문 진행자나 연예인이 아니어도 말솜씨가 뛰어난 이들이 많다. 나 역시 그들의 말을 듣고 있다 보면 귀가 솔깃해지고, 어느새 제안하는 내용을 따라 하고 싶어진다.

　하지만 아쉽게도 화려한 말에 이끌려 결정을 내렸다가 말과는 전혀 다른 진실을 마주하고 실망하는 경우도 적지 않다. 그래서일까. 최근엔 제품을 과장되게 홍보하는 인플루언서를 풍자한 영상들이 사람들의 공감을 얻고 있다. 누구나 자유롭게 말할 수 있는 시대지만, 진실되고 품격 있는 말을 찾는 일이 예전보다 더 어려워진 건 아닌가 하는 생각이 든다.

둘째 딸은 요즘 일주일에 한 번 그림책 수업을 받고 있다. 보통 자녀 교육에 비용을 들일 때 여러 요소를 꼼꼼히 따져보게 된다. 선생님이 이 분야에 전문성은 있는지, 경력은 얼마나 되는지, 믿고 맡길 만한 곳인지 등등. 하지만 이번만큼은 달랐다. 나는 그 어떤 비교도 하지 않았다. 단지 '선생님의 품격' 하나로 아무런 망설임 없이 수업을 선택했다. 나에게 수업 운영 방식이나 커리큘럼을 장황하게 설명할 필요도 없었다. 별다른 홍보가 없어도 괜찮았다. 그저 선생님의 말과 태도, 존재만으로 이미 충분히 설득되었기 때문이다.

그림책 수업 선생님은 평소 알고 지내던 분이어서 그분이 어떤 생각을 품고 어떤 말을 하는지 곁에서 지켜볼 기회가 많았다. 누구를 대하든 편견 없이 존중하고, 부드러우면서도 일관된 태도로 남녀노소 모두를 대하는 모습이 인상 깊었다.

우리는 자녀를 대할 때, 너무 익숙하고 편하다는 이유로 말투나 단어 선택에 소홀해질 때가 많다. 하지만 그 선생님은 아이 앞에서든 어른 앞에서든 늘 한결같았다.

그림책 수업은 단순한 독서 시간이 아니다. 그림책을 매개로 생각을 말하고, 마음을 나누는 법을 배우는 시간이다. 이론적인 가르침도 중요하지만, 무엇보다 선생님의 말과 태도 자체가 아이들에게 가장 효과적인 본보기가 된다는 확신이 들었다. 나 역시 그 모습을 지켜보며, 자신을 돌아보게 되는 기분 좋은 자극을 받는다.

남편은 가끔 내가 지인들과 전화 통화하는 소리를 듣고는 "당신은 쇼호스트 하면 진짜 잘할 것 같아."라고 말하곤 한다. 그럴 때면 속으로 '이 사람은 나를 잘 모르네. 내가 누굴 설득하거나, 무언가를 강하게 밀어붙이는 걸 얼마나 어려워하는데.'라는 생각이 먼저 든다. 나는 누군가를 적극적으로 이끌거나 방향을 바꾸게 만드는 데 능숙한 사람이 아니다. 하지만 곰곰이 생각해 보니 남편이 왜 그런 말을 했는지 어렴풋이 알 것 같았다. 그동안 주변 사람들이 중요한 결정을 앞두고 내게 조언을 구하는 모습을 자주 봐왔기 때문이다.

"언니는 그런 상황에서 어떻게 해요?", "너라면 뭘 선택할 것 같아?", "희영아, 추천 좀 해 줘 봐." 그런 질문들을 자주 받다 보니, 어느새 내가 사용하는 물건이나 선택한 방향을 따라 하는 사람들이 주변에 많아졌다.

사람들이 중요한 결정을 앞두고 내게 묻는 이유는 단순히 '잘 아는 사람'이어서가 아니다. 그 바탕에는 '이 사람 말은 믿을 수 있어.'라는 신뢰가 단단히 자리하고 있기 때문이다. 진심을 담아 한 말을 오래 지켜본 사람은 결국 그 진심을 믿게 된다.

설득은 꼭 경쟁력 있는 말솜씨에서만 비롯되는 것이 아니었다. SNS 활동도 거의 하지 않고, 설득력 있는 화법을 지닌 것도 아니지만, 어쩌다 보니 나는 이 구역의 '인플루언서'처럼 살고 있었다.

사람들은 종종 말보다 더 강력한 무언가에 설득된다. 그것은 말 너머로 전해지는 진정성, 공정함, 그리고 상대를 향한 존중의 태도

같은 것이다.

넬슨 만델라는 27년 동안 정치범으로 복역한 뒤 남아프리카공화국의 대통령이 되어 흑인과 백인의 화해를 끌어낸 지도자였다. 많은 사람은 그가 출소 후 백인 정권에 대한 복수를 선택할 것이라고 예상했지만, 그는 오히려 용서를 택했다. 자서전에서 그는 이렇게 썼다.

> "나는 자유를 향해 걸어 나가며 깨달았다. 만약 내가 증오와 분노를 버리지 않는다면, 나는 여전히 감옥에 갇혀 있는 것이나 다름없다."

1994년 대통령 취임 연설에서도 그는 과격한 표현이나 비난 없이 '과거는 잊고, 함께 미래로 나아가자'는 메시지를 전했다. 이는 단지 정치적으로 세련된 발언이 아니라 복수를 택하지 않은 그의 인격과 신념이 고스란히 담긴 말이었다. 그 이후로도 만델라는 적대자 앞에서 절대 언성을 높이지 않았고, 논쟁 중에도 인신공격을 삼갔다. 그의 말은 억지로 설득하려는 언변이 아니라 품격으로 동의를 끌어내는 힘을 가졌다. 진심 어린 존중과 이성 위에 세워진 그의 언어는 그 자체로 사람들에게 '이 사람의 말은 믿을 수 있다'는 신뢰를 심어주었다. 설득은 말의 힘이 아니라 말하는 사람의 품격에서 비롯된다.

고대 그리스 철학자 아리스토텔레스는 수사학의 세 요소로 에토스Ethos, 파토스Pathos, 로고스Logos를 제시했다. 이 세 가지는 설득의 기술에 대한 그의 핵심 가르침으로 고대 그리스 시대부터 효과적인 커뮤니케이션의 핵심 도구로 여겨져 왔다.

먼저 에토스는 화자의 인격에 해당하는 요소로 '도덕성과 신뢰'를 의미한다. 파토스는 청중의 감정을 움직이는 '감성적 호소'이며, 로고스는 '논리적이고 이성적인 설명'을 뜻한다. 세 요소는 설득력 있는 말하기를 위해 모두 중요하지만, 어느 하나만으로는 충분하지 않다. 로고스만으로는 감정을 움직이기 어렵고, 파토스에만 의존하면 감정에 치우친 주장처럼 보일 수 있다. 결국 설득의 핵심은 이 셋의 균형에 있다.

그렇다면 에토스는 어떤 위치를 차지할까? 아리스토텔레스는 "사람들은 믿을 만한 사람의 말에 더 쉽게 설득된다. 그 이유는 단순한 논리 때문이 아니라 화자에 대한 신뢰가 먼저 자리 잡기 때문이다."라고 설명한다. 아무리 논리적으로 완벽한 말이라도, 그 말을 하는 사람이 신뢰받지 못한다면 설득은 시작조차 되지 못한다.

에토스를 좀 더 구체적으로 살펴보면, 세 가지 구성 요소로 나뉜다. 실용적인 지혜와 전문성을 뜻하는 프로나이시스Phronesis, 도덕적 성품을 의미하는 아레테Arete, 그리고 청중에 대한 진심 어린 호의를 뜻하는 유노이아Eunoia이다. 이 세 가지가 조화를 이룰 때, 화자의 말은 단순한 주장이나 정보 전달이 아니라 '품격 있는 설득'으로 받아들여진다.

　말은 단지 정보를 전달하는 수단이 아니다. 그것은 곧 그 사람의 인격과 태도를 비추는 거울이다. 우리는 말의 내용을 듣기에 앞서 그 말을 하는 사람의 존재와 태도를 먼저 받아들이게 된다. 그래서 말은 곧 사람 자체로 기억되며, 설득력 역시 그 본질에서 비롯된다.

　미국에서 가장 영향력 있는 흑인 여성 중 한 명으로 꼽히는 마야 안젤루는 "사람들은 당신이 한 말을 잊을 수 있지만, 당신이 어떤 사람이었는지는 기억한다."라고 했다.

　매일의 일상 속에서 나의 모습과 태도를 거울에 비추어 보는 노력과 꾸준함이 내 말의 설득력을 높이는 힘이 될 것이다. 말을 잘하는 것이 아니라 상대방에게 신뢰를 주는 사람이 누군가를 설득한다.

💬 하루 한 문장, 우아하게 말하기 실천 팁

설득을 잘하고 싶다면?

1. 화술이 아닌 '인격'이 설득한다는 것을 기억한다.
2. 나는 말과 태도, 삶이 일치하는 사람인지 스스로 점검한다.
3. 논리적, 이성적인 내용에도 상대방을 향한 배려와 존중을 담아 말한다.

당신의 말보다 먼저, 당신의 '태도'가 신뢰를 결정한다.

개인과 조직을 변화시키는
말의 힘

돌이켜보면 지금의 나를 만든 순간마다 언제나 누군가의 '말'이 있었다. 따뜻한 응원과 격려, 나를 깊이 아는 이가 건넨 긍정적인 평가, 실수나 부족함을 친절하게 짚어준 조언들. 이는 나뿐만이 아니다. 어떤 분야에서든 사명감을 품고 영향력을 발휘하는 사람들에게는 그 일을 꿈꾸게 만든 결정적인 '한마디'가 존재한다. 그중 한 사람이 바로 우리나라 최고의 외과의사로 손꼽히는 이국종 교수이다.

그는 어린 시절 극심한 가난 속에서 자랐다. 그의 아버지는 6·25 전쟁 중 지뢰를 밟아 한쪽 눈을 잃고 팔다리에 큰 부상을 입은 국가유공자였으며, 장애 2급 판정을 받은 분이었다. 하지만 이 교수는 중학교 때까지도 주변에 국가유공자 가족임을 알리지 않았다. 병신의 아들이라는 조롱을 피하기 위해서였다. 중학생 시절, 그는 심한 축

농중을 앓았고 병원을 전전하며 치료받을 방법을 찾아다녔다. 그러나 국가유공자 의료복지 카드를 내밀 때마다 돌아오는 반응은 냉담했다. 대부분의 병원이 아무렇지 않게 그를 내쫓듯 돌려보내는 일이 반복됐다. 그러던 어느 날, 어린 이국종은 한 병원에서 '이학산'이라는 외과의사를 만나게 되었다. 그가 내민 국가유공자 의료복지 카드를 본 의사의 첫마디는 이랬다.

"아버지가 자랑스럽겠구나!" 나라를 위해 싸운 훌륭한 아버지를 두었다며 그는 진료비도 받지 않았고, 병원에 올 때마다 열심히 공부하라며 용돈까지 챙겨주었다. 이 한마디와 따뜻한 배려는 어린 마음에 깊은 울림을 주었고, 훗날 가난한 이들을 돕는 의사가 되고자 하는 꿈의 씨앗이 되었다. 지금의 이국종 교수를 있게 한, 결정적인 말 한마디였다.

아이를 낳고 키우는 과정에서 나 또한 종종 다른 엄마들과 나를 비교하며 속상해질 때가 있었다. 더 세심하게 챙기지 못하고, 더 좋은 것들을 충분히 해 주지 못한다는 죄책감이 밀려올 때면 마음이 무거웠다. 그럴 때 남편이 해 준 말 한마디가 큰 위로가 되었다.

> "당신에게는 언어라는 정말 귀한 강점이 있잖아. 아이들이 당신의 '예쁜 말' 속에서 자라고 있어. 말에 실수가 적고 표현력이 좋으니까, 아이들에게 그 누구보다 소중한 것을 주고 있는 거야."

그 말은 부족함에 머물러 있던 내 마음을 끌어올려 주었고, 내가 가진 가치를 다시 바라보게 해 주었다.

나는 어릴 적부터 '말'의 중요성을 깊이 생각하고 고민한 편이었다. 그 이유 중 하나는 내가 유독 '말에 민감한 아이'였기 때문이다. 누군가의 말을 흘려듣는 일이 드물었고, 긍정적인 말이든 부정적인 말이든 마음에 담아 오래도록 붙들곤 했다. 언어에 대한 민감도가 컸던 만큼 내가 내뱉는 말에도 늘 조심스러웠다. 누군가에게는 내가 던진 말 한마디가 생각보다 훨씬 큰 영향을 미칠 수 있다는 생각 때문이었다. 다른 사람에게는 조심스럽고 친절하게 말할 수 있는데, 유독 말 안 듣는 자녀에게는 그게 쉽지 않을 때가 많다. 무심코 내뱉은 한마디에 아이가 상처받는 모습을 보고 나면 마음이 아프고, 아이들에게 좀 더 다정하게 말해야겠다는 다짐을 반복하게 된다.

그럴 때 문득 내 어린 시절 들었던 '격려의 말'이 떠오른다. 초등학교 6학년 때 담임 선생님은 말수가 적고 조용한 분이셨지만, 학생들의 일기장을 검토하며 늘 다정한 한마디를 빨간 펜으로 적어주셨다. 어느 날은 일기를 쓰기 귀찮아 머리를 굴린 끝에 가장 짧게 쓸 수 있는 '동시'를 적었다. 정성 들여 썼다기보다 적당히 운율만 맞춘 글이었다. 혹시 분량이 적다고 혼나지는 않을까, 성의 없어 보이진 않을까 조마조마했다. 그런데 선생님은 그 동시 아래에 이렇게 써 주셨다.

"희영이는 동시를 참 잘 쓰는구나." 순간 놀랐다. 대충 쓴 글이라고 생각했는데, 칭찬을 받았다는 사실에 다행이면서도 의외라는 생각이 들었다. 선생님은 내 글쓰기 재능을 격려해 주셨고, 외부 글쓰기 대회를 권해 주셨다. 그렇게 나간 대회에서 작은 상을 받은 경험은 글쓰기에 대한 긍정적인 마음을 품게 한 계기가 되었다.

내 안의 가능성을 발견하게 만든 말 한마디, 그것이 나의 진로와 지금의 책 쓰기에까지 영향을 주었음을 부인할 수 없다.

아이들은 어른들의 말을 통해 자신이 어떤 존재인지, 어떤 가능성을 품고 있는지를 알아간다. 사소한 말 한마디가 아이의 꿈이 되기도, 상처가 되기도 한다. 그렇기에 말의 힘을 아는 사람이라면 자신의 언어를 더욱 아름답게 가꾸고자 하는 마음을 품게 된다.

우리나라 H 그룹 임원들을 대상으로 '위기관리 커뮤니케이션 강의'를 여러 차례 진행한 적이 있다. 기업이 위기를 맞았을 때, 미디어 인터뷰에서 어떤 언어를 사용하고 어떤 태도를 보여야 하는지를 교육하는 과정이었다. 소수 인원을 대상으로 4시간 이상 진행되는 '집중 미디어 트레이닝'은 짧은 시간 안에 빠르고 효과적인 변화를 끌어내기도 한다. 예상치 못한 인터뷰 상황에서는 평소의 언행이 그대로 드러나기 때문에 위기에 능동적으로 대처할 수 있도록 철저한 사전 준비가 필요하다.

보통은 성격이 차분하고 신중하며, 말에 실수가 적은 사람이 인터뷰에 나서길 권장한다. 하지만 대기업의 임원이라면 언제든 언론

앞에 설 수 있는 위치이기에 '신뢰를 주는 말의 태도'를 갖추는 것이 무엇보다 중요하다. 기업의 대변인이 한마디를 어떻게 하느냐에 따라 위기를 더욱 키우는 재난이 될 수도, 반대로 기업의 신뢰를 높이는 기회로 바뀔 수도 있기 때문이다.

교육을 마치던 즈음, 한 임원은 "이와 같은 말하기 교육을 제가 신입 때 들었다면 얼마나 좋았을까요. 그랬다면 나에게 도움이 되는 것은 물론이거니와 우리 팀, 우리 회사의 분위기가 완전히 달라지지 않았을까요."라고 말했다.

크리스틴 포래스Christine Porath는 20여 년간 스타트업부터 《포춘Fortune》 선정 500대 기업에 이르기까지 다양한 문화권의 기업과 조직을 분석한 끝에 한 가지 중요한 공통점을 발견했다. 그것은 바로 무례한 막말이 아닌 '정중한 말과 태도'가 조직의 성공을 좌우하는 핵심 요인이라는 사실이다.

우리는 일반적으로 뛰어난 성과나 성공은 개인의 역량이나 능력에서 비롯된다고 생각하기 쉽다. 하지만 포래스 교수가 밝힌 놀라운 사실은 다음과 같다.

> "성공의 비결은 상대가 나에게 무언가 더 내어주고 싶다는 마음이 들도록 만드는 데 있다."

누군가에게 시간을, 협업의 기회를, 도움을 기꺼이 내어주고 싶다는 감정은 단순한 호의가 아니라 그 사람에 대한 호감과 신뢰, 친밀감에서 비롯된다. 그리고 이 호감과 친밀감은 정중하고 예의 바른 말과 태도에서 시작된다.

포래스 교수의 연구에 따르면, 직장 내 무례한 언행은 단순한 개인 간의 갈등을 넘어 조직 전반에 심각한 부정적 영향을 미친다. 무례한 말을 들은 당사자는 장기적으로 업무 능률과 의욕이 저하될 수 있으며, 심지어 이를 단순히 목격한 사람조차 생산성이 떨어지는 '목격자 효과'를 겪게 된다.

이처럼 공격적이고 위협적인 언행이 오가는 분위기에서는 누구도 자유롭게 아이디어를 제안하거나 창의적인 시도를 하기가 어렵다. 유능한 사람도 결국 자신의 능력을 펼칠 수 없는 환경에 좌절하게 되고, 이직률은 자연스럽게 높아진다.

반면, 배려와 존중이 깃든 정중한 말은 상대에게 심리적 안정감을 주고, 원활한 소통의 기반을 마련한다. 서로를 존중하는 말과 태도는 긍정적인 조직문화를 만들어 내며, 이는 곧 높은 생산성과 팀워크, 지속 가능한 성장으로 이어진다. 결국 말은 단지 개인의 성품을 드러내는 수단을 넘어 한 사람과 한 조직을 바꾸는 강력한 힘을 지닌다.

보이지 않는 말에는 창조적인 힘이 있다. 말은 공중으로 흩어지는 것이 아니라 반드시 누군가의 마음속에 뿌리내리고 어떤 방식으로든 영향을 미친다. 어떤 말은 누군가를 주저앉게 하고, 또 어떤 말은 쓰러진 사람을 다시 일으켜 세운다.

나에게 소중한 사람이 있고 지켜야 할 조직이 있다면, 무엇보다 먼저 나의 '말'을 돌아보자. 내 언어가 아름답게 변하면, 그 말은 나를 변화시키고, 결국 나를 둘러싼 사람들과 조직도 아름답게 변화시키는 씨앗이 된다.

 하루 한 문장, 우아하게 말하기 실전 팁

'살리는 말' VS '죽이는 말'

사람을 살리는 말
- "당신은 이런 장점이 있잖아요. 정말 대단해요!"
- "나는 당신이 정말 자랑스러워요!"
- "너는 충분히 잘 해낼 수 있어!"

사람을 죽이는 말
- "자네, 일을 그 정도밖에 못 하나?"
- "넌, 도대체 왜 성격이 그 모양이야?"
- "솔직히 당신 능력으로는 어려울걸요?"

한마디 말이 누군가를 일으키기도 하고, 무너뜨리기도 한다.

언어 자산에 대한 투자는
실패가 없다

　나는 신문방송학과 학사 전공이지만, 사실은 처음에 실내디자인학과 전공으로 입학한 뒤 2학년 때 신문방송학과로 전과했다. 첫 수능에서 실패한 뒤 재수 끝에 대학에 입학한 터라 전공을 깊이 고민할 여유도 없었고 그저 점수에 맞춰 선택한 결과였다.

　1학년 1학기를 보내면서 '정말 이 전공으로 일을 할 수 있을까?'라는 의문이 들었다. 그때부터 진심으로 하고 싶은 일과 잘할 수 있는 일이 무엇일지를 곰곰이 떠올리기 시작했다. 그 과정에서 문득 고등학교 생활기록부가 떠올랐다. 살펴보니 1학년부터 3학년까지 '장래희망'란에는 모두 '아나운서'와 '방송인'이 적혀 있었다. 그걸 보는 순간, 나는 내 안에 오랫동안 자리해 온 진짜 꿈을 다시 마주하게 되었고, 아나운서의 길을 가야겠다는 확신이 생겼다. 그렇게 나는 신문

방송학과로 전과를 결심하게 되었다.

어릴 적 나는 말이 많거나 유창하게 잘하는 아이가 아니었다. 속에 있는 말을 꺼내기보다 답답하게 삼키는 경우가 더 많았고, '어떻게 표현할까'를 늘 고민하며 단어 하나를 말하기까지 신중한 편이었다. 자기주장을 강하게 펼치는 유형이라기보다는 차분하고 유순한 성격에 가까웠다. 초등학생 때부터 반장이나 부반장을 자주 맡으며 자연스레 발표할 기회가 많았지만, 그때마다 손에 땀이 나고 심장이 두근거리는 긴장 많은 학생이었다.

아나운서를 꿈꾸기 전부터 사람들 앞에서 말해야 할 상황이 오면 늘 '말을 더 잘하고 싶다'는 생각을 했다. 청산유수처럼 화려한 말솜씨는 아니더라도, '적절하게, 지혜롭게, 명확하게' 말하고 싶다는 바람이 늘 있었다.

또래에 비해 말의 무게와 책임에 대해 진지했던 나는 말과 생각, 마음, 행동, 외모가 따로 노는 사람이 아닌 그 모든 것이 자연스럽게 일치하는 사람이 되고 싶었다. 그런 사람이 되려는 마음의 연장선에서 내가 떠올릴 수 있었던 가장 어울리는 직업이 바로 '아나운서'였다.

말을 잘하고 싶은 마음은 늘 있었지만, 본격적으로 음성 훈련을 시작하게 된 계기는 아나운서를 꿈꾸며 취업을 준비하면서였다. 본래 성량이 작고 큰 소리를 내는 데 부담을 느끼던 나는 그때 처음으로 복식호흡이라는 것을 배우게 되었다.

복식호흡은 횡격막을 최대한 아래로 끌어 내리는 방식의 호흡법이다. 아랫배를 부풀리면서 코로 숨을 들이마시고, 내쉴 때는 입으로 천천히 뱉는다. 이때 가장 중요한 것은 '내쉬는 호흡'이다. 숨을 충분히 내쉬지 못하면 폐 속에 이산화탄소가 남아, 다시 들이마셔도 산소가 몸 깊숙이 전달되지 않기 때문이다. 짧게 들이쉬고 길게 내쉰다는 원칙을 기억하며, 숨을 끝까지 뱉어내는 것이 핵심이다. 처음부터 길게 내쉬는 건 쉽지 않지만, 7초, 10초, 15초… 이런 식으로 점차 호흡을 늘려나가다 보면 가능해진다. 호흡은 말의 체력과도 같아서 내쉴 수 있는 공기의 양이 많아질수록 긴 문장도 더욱 안정적으로 표현할 수 있다. 폐활량이 적어 관악기조차 제대로 배울 수 없었던 내게는 꼭 필요한 훈련이었다.

복식호흡을 생활화하면 단순히 말을 잘하게 되는 데에만 그치지 않는다. 뇌로 가는 혈류량이 늘어나고, 스트레스로 흐트러진 자율신경계의 균형도 회복될 수 있다. 깊은 호흡은 몸을 이완시키고 심박수를 낮춰 편안한 상태를 유도하는 부교감신경의 스위치를 켜는 역할을 하기 때문이다. 복식호흡이 몸에 익숙해지면 긴장되는 상황에서도 심박수를 안정적으로 조절할 수 있어 좀 더 여유 있게 말하고 행동할 수 있다.

호흡 다음으로 집중한 훈련은 발성이었다. 아나운서를 하기에 타고난 조건이 좋은 편은 아니었다. 호흡이 약한 데다 성대 또한 튼

튼하지 못해, 목감기에 자주 걸리고 조금만 무리해도 목이 쉽게 쉬었다. 목을 자주 사용하면서도 부담을 덜 주기 위해서는 올바른 발성법을 익히는 것이 중요했다. 하품하듯 입안을 둥글게 만들어 보면, 입천장이 자연스럽게 올라가고 혀뿌리는 아래로 내려간다. 이때 목구멍이 열리고 입안 공간이 넓어지면서 성대에 가해지는 자극이 줄어들고, 목소리의 울림도 깊고 풍성해진다. 목소리가 거칠게 느껴질 때는 헛기침보다는 입안을 둥글게 한 채 '음~' 하고 허밍음을 내는 것이 성대를 마사지하는 데 도움이 된다. 여기에 이어서 한 호흡에 '~아' 하고 자연스럽게 소리를 내는 연습을 반복했다. 이 연습이 익숙해지면 입안을 둥글게 유지한 상태로 다양한 문장을 노래하듯 읽어보았다. 그 결과 작고 약하던 내 목소리는 점차 풍성하고 울림 있는 소리로 변화했다. 지금은 하루 5시간 이상 강의를 해도 목이 쉽게 상하지 않는다.

마지막으로 아나운서처럼 신뢰감을 주는 목소리를 갖추기 위해 꼭 필요한 역량은 '명확한 발음'이다. 이 발음을 훈련하는 데 가장 효과적인 방법은 '낭독'이다. 그러나 낭독 연습에 앞서 반드시 선행되어야 할 것이 있다. 바로 '좋은 발음'을 귀로 충분히 듣는 경험이다. 내 귀가 먼저 열려야만, 내 발음이 정확한지 아닌지를 분별할 수 있기 때문이다. 실제로 자신의 발음에 문제가 있다는 사실조차 인지하지 못하는 사람이 의외로 많다. 그러므로 정확한 발음의 기준을 제시해 줄 '좋은 본보기'가 필요하다. 멀리 있는 표지판을 제대로 바라보고 달려가야 올바른 길로 나아갈 수 있듯이 발음 훈련에서도 바른 기준을 향한 연습이 중요하다.

내 경우, 기본적인 발음의 조음점(발음기관 중 서로 맞닿거나 가까워져서 소리를 만들어 내는 위치)과 입 모양을 익힌 뒤에는 뉴스앵커들의 방송을 반복해서 들었다. 방송을 진행하는 아나운서라면 누구나 발음이 기본적으로 훌륭하지만, 그중에서도 가장 높은 수준의 명확한 전달력을 요구받는 분야는 단연 뉴스다. 뉴스 진행 원고는 장단음과 이중모음은 물론 의미 전달을 위한 포즈와 단어의 강세, 문장 끝 어미 처리까지 섬세하게 표현해야 한다. 실제로 대부분의 아나운서 아카데미에서는 뉴스 원고를 정확히 낭독하는 연습에 가장 많은 시간을 투자한다.

학원에서는 주로 뉴스 원고를 활용해 연습하지만, 읽을 수 있는 글만 있다면 얼마든지 혼자서도 발음 훈련을 할 수 있다. 나 역시 아나운서를 꿈꾸던 시절, 종이 신문에 실린 칼럼을 자주 활용했다. 일반 뉴스 기사보다 분량이 적당하고 주제가 명확하게 드러나 있어 읽는 재미와 성취감을 동시에 느낄 수 있었다. 요즘처럼 대부분의 뉴스를 인터넷으로 접하는 시대에는 기사를 출력해 낭독하거나 좋아하는 책에서 한 문단을 골라 읽는 방식도 충분히 효과적이다.

지금도 나는 글을 읽는 모든 순간을 발음 연습의 기회로 삼고 있다. 아이들에게 동화책을 읽어줄 때도, 발음 하나하나에 신경을 기울이며 문장이 생생하게 전달되도록 애썼다. 아마 귀에 더 또렷하게 들렸던 덕분인지, 아이들은 아빠보다 내가 읽어주는 동화를 더 좋아한다. 가족들과 저녁 시간에 함께 성경을 읽을 때도, 모두가 한 글자 한 글자 정성 들여 소리 내어 읽으면서 자연스럽게 발음이 다듬어지도록 노력했다.

남편과 아이는 마음을 다잡고 또박또박 읽으려는 의식적인 노력을 하지 않으면, 평소 발음이 그리 또렷한 편은 아니다. 이는 선천적인 문제가 있어서라기보다는 후천적으로 혀에 힘을 실어 발음하는 습관이 충분히 형성되지 않았고, 명확한 발음의 중요성을 크게 느끼지 못했기 때문인 듯하다.

아들이 초등학교 4학년 학급 임원 선거가 있던 날, 이렇게 말했다. "엄마, 나 부반장 됐어요. 그런데 나는 인기로 된 게 아니라 원고를 준비하고 잘 읽어서 뽑힌 것 같아요." 평소 대화할 때 발음이 부정확하고 즉흥적인 말하기에 어려움을 느꼈기에 선거 전날 아들은 직접 원고를 쓰고 소리 내어 읽으며 열심히 연습했다. 반장이 된 친구는 원고도 없이 몇 마디 즉흥적으로 말했지만, 워낙 인기가 많아 압도적 지지로 당선됐다는 것이다. 나는 아들에게 이렇게 말해 주었다.

"무엇이든 성실하게 준비하는 건 정말 중요한 태도야. 비록 인기로 된 건 아니더라도, 말하기를 통해 그 순간 사람들에게 좋은 인상을 줄 수 있었다면, 그건 정말 멋진 일이란다."

아들의 말도 일리가 있다. 평소 인기가 많은 아이는 몇 마디만 해도 반장에 당선되기도 한다. 그 친구의 인격이나 성격 자체가 말보다 더 큰 설득력이 있는 셈이다. 원고 없이 말하는 모습이 오히려 자연스럽고 여유롭게 보일 수도 있다. 하지만 그런 방식이 처음부터 쉽지 않은 친구라면 원고를 쓰고, 그것을 또박또박 읽으며 사람들 앞에서 말해 보는 경험 자체가 큰 훈련이자 소중한 도전이다.

백화점에서 아이들 옷을 고르고 계산을 하려던 순간, 매장 직원이 수줍게 웃으며 말을 건넸다. "실례가 안 된다면, 직업이 어떻게 되시는지 여쭤봐도 될까요? 방송이나 아나운서 일을 하시는 분 같아서요." 순간 놀라지 않을 수 없었다. 편안한 옷차림에 슬리퍼를 신고, 민낯으로 들른 내 겉모습만으로는 그런 직업을 떠올리기 어려웠을 텐데 말이다. 왜 그렇게 느꼈는지 물어보니 일상적인 대화를 나누는 중에도 내 목소리와 발음에서 일반인과는 다른 분위기가 느껴졌다고 했다. 놀랍게도 그 주에만 비슷한 질문을 두 번이나 받았다. 아나운서로 일할 때가 아닌 평범한 일상 속에서도 내 목소리와 발음이 주는 인상이 특별하게 다가간다는 사실을 새삼 실감하게 된 계기였다.

지금은 20대 시절처럼 집중적으로 말하기를 훈련하지는 않는다. 그리고 아나운서처럼 말하는 방식이 '정답'이라고 생각하지도 않는다. 그렇지만 아나운서를 준비하며 쌓아온 호흡, 발성, 발음 훈련은 지금의 나에게 큰 자산으로 남아 있다.

 십여 년 전, 언어라는 자산에 투자했던 그 시간이 지금도 다양한 영역에서 유익으로 이어지고 있다. 언어에 대한 투자는 절대 사라지지 않고, 손해를 남기지도 않는다. 오히려 시간이 지날수록 더 큰 가치로 되돌아온다는 것을 나는 확신한다.

 하루 한 문장, 우아하게 말하기 실천 팁

아랫배에 힘을 주고, 입안 공간을 하품하듯 크게 만든 뒤 또박또박 발음해 보세요. 모든 일상을 실제 연습의 기회로 삼는 것이 최고의 훈련법입니다.

- "안녕하세요. 따뜻한 오렌지 루이보스티 한 잔 주문할게요."
- "예약하고 왔습니다. 홍길동입니다."
- "말씀 잘 들었습니다. 확인 후 다시 연락드릴게요."

언어에 투자한다는 건, 나 자신에게 가장 확실한 이자를 남기는 일이다.

언어는 내가 도달할 곳의 **방향키이다**

예전에 B 교수님이 진행하던 국회의원 퍼스널 브랜딩 프로젝트에 참여한 적이 있다. 그때 이런 대화가 오갔다. "신희영 선생은 성공하고 싶지 않아요? 같이 성공해야죠. 앞으로 높이 올라가서 크게 되셔야지." 그 질문에 나는 이렇게 답했다.

"교수님, 사실 저는 '성공'이 목표는 아니에요. 대신에 꾸준히 '성장'하고 싶어요." 그러자 교수님은 젊은 사람이 어쩌면 그렇게 야망이 없을 수 있냐며 타박하셨고, 답답하다는 듯한 표정으로 대화를 급히 끝내셨다.

그로부터 몇 년이 흐른 뒤, 나는 한 공기업에서 신임 임원을 대상으로 이미지 브랜딩 강의를 해 오고 있었다. 그러던 어느 날, 뜻밖에도 B 교수님으로부터 연락이 왔다. 내가 강의하고 있는 기업의 임원 교육 연수원장이 교수님의 오랜 지인인데 우연히 그곳에서 내가 강의 중이라는 소식을 전해 들었다고 한다. 오랜만에 듣는 반가운 이름에 또 지인에게서 내 칭찬을 들으니 기분이 좋아져 연락을 주셨다는 것이다. 그러고는 전혀 예상하지 못한 말을 들었다.

"예전에는 신희영 선생이 참 답답하게 느껴졌는데, 요즘 여러 일을 겪고 보니 그 말이 맞는 것 같네요. 빠른 성공은 빠른 실패로 이어질 수도 있더라고요. 지금도 충분히 잘하고 있고, 앞으로도 천천히 성장해 간다면 어느 위치에 올라서더라도 쉽게 흔들리지 않을 사람이 되리라고 생각합니다."

뜻밖의 격려와 교수님의 축복의 말은 오래도록 마음에 남았다. '성공보다는 성장을 원한다'는 말은 그때 교수님의 질문에 즉흥적으로 떠올린 대답이 아니었다. 오랜 시간 동안 나 자신을 깊이 들여다보며 스스로 깨달은 생각이자, 내가 평소 중요하게 여기는 삶의 가치이고 기준이었다. 지금 돌이켜보면, 교수님의 말에 분위기를 맞춰 "네, 그럼요. 성공해야죠."라고 가볍게 응수할 수도 있었겠다는 생각도 든다.

하지만 자신이 중요하게 여기는 가치는 결국 말로도 자연스럽게 드러날 수밖에 없다. 생각과 말, 마음과 언어는 긴밀하게 연결되어 있고, 서로에게 영향을 주고받기 때문이다. 게다가 마음과 다른 말을 꺼내는 것은 상대방에 대한 진정성에도 어긋나는 일이라, 나는 가능한 한 늘 있는 그대로 솔직하고 투명하게 이야기하려 한다.

사실 '성장'에 대한 이 생각은 단지 교수님 앞에서만 꺼낸 말이 아니다. 평소에도 나는 주변 사람들에게 자주, 그리고 자연스럽게 같은 말을 해 왔다.

말은 생명력을 지닌 씨앗과 같다. 우리가 말을 한다는 것은 단순한 반응이나 정보 전달을 넘어 '내가 누구인지', '어디로 향하고 있는지'를 세상에 심는 행위다. 진심에서 비롯된 말은 가장 먼저 내면에 뿌리내리고, 그다음으로는 상대의 마음속에도 하나의 씨앗처럼 남을 수 있다. 오랜 시간이 지나서도 교수님이 내 말을 기억하고 공감해 주셨던 것처럼 말이다. 시간이 흐른 뒤, 그 말이 인정받고 스스로 자라나, 다시 내게 돌아오는 경험은 참으로 커다란 기쁨이었다.

말이 단지 소리에 머무르지 않고, 현실을 움직이는 힘을 가질 수 있다는 사실은 언어가 지닌 신비이자 축복처럼 느껴진다. 그래서 나는 언어를 소중히 여기는 사람들과 함께 시간을 나누는 것을 좋아한다. 허황하거나 공허한 말이 아니라 인생을 더 깊이 바라보며, 의미 있는 방향으로 나아가고자 하는 생각과 의지를 기꺼이 나누는 대화를 무엇보다 귀하게 여긴다.

말을 할 때뿐 아니라 타인의 진심 어린 말을 들을 때에도, 나의 삶의 방향이 더욱 또렷해지는 것을 느낀다. 그 말은 내 안에 남아 오래도록 영향을 주고, 나를 긍정적으로 이끄는 또 하나의 씨앗이 된다.

사람마다 가치 있게 여기는 삶의 모습은 제각기 다르다. 어떤 이는 크고 분명한 목표를 이루며 성취하는 삶을 지향하고, 또 어떤 이는 무언가에 얽매이지 않고 자유롭게 원하는 길을 선택하며 살아가길 바란다. 누군가는 타인을 돕고 헌신하며, 기여할 때 기쁨을 맛본다. 나의 경우는 감각적인 즐거움보다는 삶에서 '의미'를 발견하고, 그 의미를 좇는 데서 더 큰 만족을 느끼는 편이다.

20대 이후의 삶을 돌아보면, 그저 놀고 싶고 즐기고 싶다는 마음으로 누군가와 약속을 잡았던 기억은 거의 없는 것 같다. 오히려 상대방이 힘들어할 때 그 이야기를 들어주고, 함께 고민하며 더 나은 방향을 모색하는 시간이 내게는 가장 기쁘고 의미 있는 시간이었다. 그래서 누군가와 만나면 몇 시간이고 깊은 대화를 나누며 시간을 보내는 일이 많았다. 그런 나에게 '의미 있는 삶'이란, 삶의 마지막 순간에 가장 깊고 아름다운 사랑을 할 줄 아는 사람으로 성장해 그 사랑의 마음으로 삶을 마무리하는 것이다.

남편과 나는 20대 초반에 교제를 시작해 서로의 내면을 깊이 들여다보고 각자가 소망하는 마음을 자주 나누곤 했다. 그 가운데 내가 자주 꺼냈던 말은 "나는 사랑하는 법을 배우고 싶어."라는 고백이었다. 이기심과 한계를 마주할 때마다 그 자리에 머무른 채 성장하지 못하는 상태는 내게 큰 괴로움으로 다가왔다.

　내게 있어 인생에서 가장 큰 가치는 '사랑'이었지만, 내 사랑은 아직 미숙하고 어린아이 같다는 것을 스스로 느꼈다. 그래서 더 배우고, 더 자라야 한다고 생각했다. 비록 지금은 부족할지라도, 배움을 멈추지 않는다면 수십 년 후에는 신적인 사랑을 닮아 있는 사람으로 성장할 수 있으리라는 믿음이 있었다.

　하지만 그 말이 언제나 내 마음 깊숙이 남아 나를 움직이게 한 것은 아니었다. 사람들과 관계를 맺다 보면 부당하다고 느끼거나, 억울하거나, 도무지 이해할 수 없는 감정이 올라올 때가 있다. 그런 순간이면 마음속에서 '이런 상황이라면 누구라도 힘들 거야.', '다른 사람이라면 나보다 더 격하게 반응했을지도 몰라.' 같은 생각이 자신을 변호하듯 떠오르곤 했다. 때로는 그저 마음속에만 머무는 것이 아니라 남편 앞에서 직접 푸념을 늘어놓고 불평을 쏟아내기도 했다. 그러면 남편은 조용히 한마디를 던진다.

　"여보, 예전에 사랑하는 법을 배우고 싶다고 했잖아. 기억나지?"
그저 공감만 해 주길 바라는 마음에 순간 얄밉다는 생각이 들다가도, 남편의 그 한마디에 다시 정신이 맑아진다. '그래, 나는 사랑을 배우고자 하는 사람이었지.' 내가 자신에게 던졌던 그 말은 시간이 흘러도 여전히 방향을 잃지 않게 끌어주는 나침반이 된다. '사랑하는 법을 배우고 싶다'는 그 말은 일과 관계, 삶의 중요한 선택의 순간마다 나의 판단을 이끄는 '심리적 필터'로 작용한다.

누군가와 갈등이 생겼을 때, '나는 사랑을 배우는 중이야.'라고 되뇌면 그를 더 깊이 이해하고 용서할 수 있게 된다. 내가 원하지 않았지만 어쩔 수 없이 관계를 마무리해야 할 때도, 미움이 아니라 사랑으로 보내는 방법을 고민하게 된다. 선택의 갈림길마다 '사랑'이라는 기준이 나를 비추어 나 자신을 점검하도록 도와준다. 사랑 앞에서는 더 겸손해지고, 배우려는 자세가 생기며, 상대를 깊이 이해하려는 마음이 깨어난다.

누군가에게는 타고난 성품처럼 자연스러운 일이 나에게는 쉽지 않고, 한 걸음 한 걸음 노력해야만 가능한 일일지도 모른다. 하지만 나의 속도나 수준에 상관없이 이 말이 나를 계속 움직이게 하고, 넘어져도 다시 일어서게 만든다면, 그 자체로 분명 큰 의미가 있다고 믿는다.

머나먼 훗날, 죽음이 가까워진 순간에 이르러, 내가 오랫동안 생각으로 되뇌고 언어로 표현해 온 '사랑하는 법을 아는 사람'의 모습에 가까워져 있을 것이라 믿는다.

오프라 윈프리는 단순한 유명 방송인이 아니다. 그녀는 언어를 통해 자신의 삶뿐 아니라 수많은 이의 삶을 일으켜 세운 인물이다. 어린 시절 성폭력, 가난, 차별이라는 깊은 상처를 겪었지만, 그에 무너지지 않고 오히려 자신과 세상을 향해 끊임없이 희망을 말해 왔다.

"실패는 삶이 내게 주는 수업이다. 모든 경험은 나를 더 깊게 만든다."라는 말처럼 그녀의 언어에는 언제나 자기 존중과 변화의 가능성이 담겨 있다. 이러한 말들이 그녀를 오늘날, 수많은 이를 앞으로 나아가게 하는 강력한 영향력의 자리로 이끌었다.

언어는 행동보다 앞서 나아갈 방향을 정한다. 생각이 말을 낳고, 말은 곧 자신의 태도에 영향을 미친다. 그러한 태도는 구체적인 행동으로 이어지고, 반복된 행동은 결국 성격이자 습관으로 자리 잡는다. 날마다 작은 습관들이 모여 한 사람의 인생 전체를 이루어간다. 그런 의미에서 언어는 우리가 도달할 삶의 방향을 바꾸는 핵심적인 역할을 한다.

우리는 과연 어떤 삶을 꿈꾸고 있는가? 잠시 시간을 내어 내가 살아가고자 하는 인생을 한 문장으로 표현해 보기를 권한다. 먼저는 마음과 생각으로, 그리고 점차 말과 글을 통해 구체화해 보자.

어느 날 인생의 한 지점에서 오래도록 품어온 나의 말이 나의 일부가 되어 함께 자라왔음을 느끼게 되는 순간이 찾아오기를 바란다.

하루 한 문장, 우아하게 말하기 실전 팁

오늘은 '내 인생의 방향이 담긴 한 문장'을 만들어 볼까요?

- "나는 이러이러한 삶을 살고 싶어!"
- "저에게는 이런 삶이 참 의미 있고 소중하게 느껴져요."
- "앞으로 살아가는 동안, 이런 것들을 조금씩 배워가고 싶어요."

방향을 잃었다면, 다시 말하라. 말이 곧 나아갈 길이 된다.

2장

우아한 말하기는 마음에서 시작된다

내가 어떤 말을 하고 있는지는 지금 내 마음이 어떤 상태인지 그대로 보여 줍니다. 감정이 흐트러지면 말도 쉽게 흔들립니다. 우아한 말은 억지로 꾸며내는 것이 아니라 정돈된 마음에서 자연스럽게 흘러나오는 것입니다. 자기 존중에서 비롯된 언어는 타인에 대한 존중으로 확장됩니다. 결국 '마음'의 품격이 '말'의 품격을 만듭니다. 따라서 말을 바꾸고 싶다면, 먼저 마음을 들여다보아야 합니다.

아무리 결심해도
소용이 없는 이유

　아들을 둔 엄마들 사이에서 큰 인기를 끌고 있는 유튜브 채널이 있다. 바로 '남자아이 미술교육' 전문가 최민준 소장이 운영하는 〈최민준의 아들TV〉다. 80만 명이 넘는 구독자를 보유한 이 채널에서는 아들 교육에 대한 다양한 노하우가 소개된다. 나 역시 아들을 키우는 엄마로서 아들의 마음을 더 잘 이해하고 소통하고 싶은 바람에 이 채널에서 도움을 받을 때가 있다. 주변에서도 이 채널을 통해 유익한 정보를 얻었다는 이야기를 듣지만, 동시에 '가르쳐 준 대로 실천하는 건 생각보다 어렵다'라는 솔직한 고백도 자주 들린다.

　예를 들어, 우리에게 이런 상황이 벌어질 수 있다. 아들에게 학습 동기를 북돋워 줄 때는 비교하는 말을 해서는 안 된다는 사실을 이미 잘 알고 있다. 교육 관련 강연을 들으며 속으로 '맞아, 정말 중요한 포인트야.' 하고 깊이 공감하고, '다음에 아들이 기대에 못 미치는 성적표를 가져오더라도 절대 누나와 비교하지 말아야지.'라고 굳게 다짐한다.

그러나 몇 주 뒤, 아들이 정말로 실망스러운 성적표를 민망한 듯 내밀었을 때, 순간적으로 참을 수 없는 화가 치밀어 오르고, 결국 이렇게 말하고 만다. "너 어떻게 이런 낮은 성적을 받을 수가 있니? 누나는 학교 다니면서 이런 점수를 받아 본 적이 한 번도 없어." 그토록 다짐했던 말은 어디로 가고, 가장 먼저 입 밖으로 튀어나온 것은 바로 비교다.

'비교하는 말, 비판하는 말은 하지 말아야지', '예쁜 말을 써야지' 하고 다짐하지만, 번번이 실패하는 이유는 공감하고 결심은 했지만, 진짜 마음을 바꾸지 않았기 때문이다. 말을 바꾸려 하기보다 마음을 바꾸는 것이 먼저다. 어느 순간, 의식하지 않아도 마음속에 담긴 말이 무심코 입 밖으로 튀어나오는 건 너무나 자연스러운 일이다. 만약 아들의 존재를 누군가와의 비교 없이 그 자체로 귀하고 소중하게 여기는 마음으로 가득 차 있다면 갑작스럽게 비교하는 말이 튀어나오는 일은 거의 없을 것이다.

나는 심리를 전문적으로 가르치는 사람은 아니다. 오히려 보이지 않는 심리의 반대편에 있는 듯한 눈에 보이고, 귀에 들리는 표현법에 대해서 가르친다. 사람들이 외적으로 더 아름답고 매력 있게 자신을 표현하는 방법, 또 마음과 생각을 효과적으로 전달하는 방법은 무엇인지 늘 연구해 왔다. 10년 넘게 '표현'에 대해 가르치다 보니 이미지와 스피치가 마음의 영향을 받는다는 사실을 깨닫게 되었다. 자기 자신의 마음과 동기를 인지할수록 좋은 방향으로의 변화가 빨랐고, 사람을 대하는 태도나 표현 역시 사람들을 향한 마음에 달려 있었다.

교육생 A는 아들의 결혼식에서 주례사를 맡아 연단에 섰다. 그러나 마이크를 잡는 순간, 아무 말도 할 수가 없었다. 그날의 실패는 무대 공포증으로 이어졌고, 그는 '마이크만 잡으면 말을 하지 못할 것'이라는 확고한 믿음을 갖게 되었다. 스피치 수업을 통해 A 씨가 스스로에 대한 잘못된 불신을 극복하도록 돕자, 마침내 무대 위에서 자신 있게 말하는 성공적인 경험을 만들어 낼 수 있었다. 그것은 단순히 말하는 법만 가르쳐서는 이룰 수 없는 일이었다.

교육생 B는 직장에서 사람들을 대할 때 어딘가 사무적인 인상을 주었다. 정해진 매뉴얼에 따라 격식을 갖추어 말하긴 했지만, 그의 목소리에는 공감도, 따뜻함도 느껴지지 않았다. 알고 보니 그는 과거에 사람들과의 관계에서 받은 상처로 인해 누구를 대하든 마음을 깊이 열지 않았고, 관계에 대한 기대 역시 거의 없었다.

아무리 친절한 말투나 화법을 가르친다 해도, 마음의 변화 없이 이어지는 말은 기계적이고 무심하게 들릴 수밖에 없다. 이처럼 우리의 말하기는 과거의 경험과 현재의 감정, 그리고 미래를 향한 태도에 깊이 영향을 받는다.

나는 단순한 말하기 스킬에서 벗어나 마음을 담은 전인적인 말하기를 어떻게 도울 수 있을까 고민하던 중에 그림책 심리를 접하게 되었다. 여러 그림책 교육 기관 가운데서도 심리에 중점을 두고, 심리학 이론과 연계하여 그림책을 해석하는 기관을 알게 되었고, 그곳에서 자격 과정을 수료했다.

그림책은 일반 동화책과는 다르다. 동화책이 주로 글을 통해 메시지를 전달하고 그림은 이를 보완하는 구조라면, 그림책은 글과 그림이 모두 중요한 비중을 차지하며, 때로는 그림만으로 구성되기도 한다. 그림책에는 인간의 보편적인 삶의 이야기와 심리가 담겨 있어 남녀노소 누구나 편안하게 읽을 수 있으며, 예술작품을 감상하듯 그림을 보며 정서가 이완되는 효과도 있다. 더 나아가 자신을 인식하고 자존감을 높이는 데에도 도움이 된다. 심리학이나 이론을 어렵게 느끼는 사람들도, 그림책을 매개로 하면 훨씬 쉽게 이해하고 실제 삶에 적용할 수 있다.

나는 다양한 그림책을 다루거나 알고 있지는 않지만, 소통 및 말하기와 관련해서 도움을 줄 수 있는 그림책을 골라 강의에 활용하곤 한다. 그중에서도 자주 활용하는 책이 아니 카스티요Ani Castillo의 『핑!Ping』이다. 이 책은 탁구에서 공을 주고받는 '핑퐁' 개념을 빌려 나와 타인, 나와 세상 사이의 소통을 섬세하게 풀어낸다. 단순하면서도 직관적인 그림과 짧은 문장들이 커뮤니케이션에 대한 깊은 통찰을 불러일으켜 아이는 물론 어른에게도 꼭 추천하고 싶은 그림책이다.

그림책 강의에서 책을 읽고 난 후에는 늘 생각을 끌어낼 수 있는 '질문'을 던진다. 그 질문에 답하며 자신을 돌아보는 시간이 자연스럽게 주어진다. 『핑!』을 읽고 나서 "요즘 나는 상대방에게 어떤 '핑'을 던지고 있나요?"라는 질문을 건넸다. 그중 몇몇 교육생의 답변이 특히 기억에 남는다.

교육생 C는 자신이 상대방에게 감당하기 어려울 만큼 강한 스매싱을 던지고 있었던 건 아닌지 되돌아보게 되었다고 한다. 자칫 상처를 줄 수 있는 일방적이고 거친 소통방식을 스스로 인식하게 된 것이다. 그처럼 '인식'이 시작되는 순간, 마음에는 이미 작은 변화가 일어난다. 마음이 바뀌면 건강한 소통과 품격 있는 말하기로 나아가기 위한 한 걸음을 내디딜 힘이 생긴다. 그리고 그런 마음에서 비롯된 행동은 오래도록 지속될 가능성이 크다.

교육생 D는 예전과 달리 자신이 상처를 받을까 봐 누군가에게 '핑'을 보내는 것조차 소극적이고 제한적이라는 사실을 깨달았다. 상처가 두려워 아무런 행동도 하지 않으면 어떤 '퐁'도 받을 수 없기에 조심스럽게 자신의 마음을 열어보며 대화를 하겠다는 의지를 전했다.

일반적인 스피치 스킬 교육처럼 이전에 알지 못했던 지식과 방법을 배우는 데서 오는 효과와 유익은 분명히 존재한다. 이미 마음의 준비가 된 사람이라면, 이러한 스킬을 통해 한 단계 더 성장할 수 있다. 그러나 우아하고 멋지게 말하는 방법을 익히기 전에 마음이 먼저 준비되어야 하는 사람도 있다. 배려 깊은 태도와 건강한 마음가짐이 바탕이 될 때에야 비로소 품격 있는 이미지와 말하기를 오래도록 지켜갈 수 있다. 또한 표현만이 아니라 마음까지 아름다워야 진짜 '우아한 사람'이 되는 법이다.

진짜 가치 있는 것을 소유하기 위해서는 언제나 많은 수고와 시간이 투자되어야만 한다. 겉으로 드러나는 말만을 바꾸는 것은 당장은 빠르고 쉬운 길인 듯하지만, 마음이 없는 말은 결국 내 것이 되지 못한다. 좋은 말을 위해 좋은 마음을 갖추도록 날마다 자신을 지키고 돌아보는 일은 게을리하지 말아야 한다.『성경』에도 "모든 지킬 만한 것 중에 더욱 네 마음을 지키라. 생명의 근원이 여기에서부터 흘러나옴이라."라고 전하고 있다.

누군가에게 호감을 주고 싶은가? 존중받는 인간관계와 경쟁력 있는 커리어를 위해 품격 있는 말하기를 하고 싶은가? 그렇다면 나는 무엇보다 '마음 관리'를 권하고 싶다. 마음은 그저 흘러가도록 두는 것이 아니라 성을 지키는 파수꾼처럼 단단히 지켜야 할 대상이다. 우아한 말하기는 언제나 '마음에서' 시작된다.

💬 하루 한 문장, 우아하게 말하기 실천 팁

우리가 말하기와 대화를 어려워하는 이유는 마음속 상처나 두려움에서 비롯된 경우가 많습니다. 그런 내면의 이유를 돌아볼 수 있도록 자신에게 몇 가지 질문을 던져 보면 어떨까요?

- '공적인 말하기에서 실패했던 경험이 과도한 두려움을 주고 있는가?'
- '사람에게 받은 상처 때문에 진심이 담긴 대화를 어려워하고 있는가?'
- '마음은 전혀 아닌데 말만 예쁘고 친절하게 하려고 노력하는가?'

말은 마음의 풍경이다. '안'이 흐리면 '밖'도 흐려진다.

자신에 대한 부정적인
생각의 사슬을 끊어 내라

어릴 적 나는 말에 민감한 아이였다. 어떤 말들은 흘려보내지 못한 채 꼭 붙들고 마음속에 오래도록 간직하곤 했다. 그래서 말이 지닌 영향력을 누구보다 빨리 깨달았고, 말에 대해 늘 조심스러운 태도를 가지게 되었는지도 모르겠다. 아직도 생생히 기억나는 말이 있다.

초등학교 6학년 때, 친하게 지냈던 친구가 어느 날 내게 "너는 장미단추야."라고 놀리듯 말했다. 무슨 뜻인지 묻자, "멀리서 보면 예쁜데, 가까이서 보면 못생겼다는 뜻이야."라며 한자어 조합이라고 설명했다. 당시 나는 갈색빛 머리카락에 이목구비가 뚜렷해서 중학교 때까지도 가끔 혼혈이냐는 질문을 받곤 했다. '장미단추'라는 말은 입체적인 나의 얼굴 생김새가 가까이서 보면 부담스러울 수 있다는 부정적인 인식을 심어주었다. 그때부터 나는 나와는 다른 평면적이고 아기자기한 얼굴을 오래도록 동경해 왔다. 물론 지금은 예전보다 훨씬 더 내 얼굴을 좋아한다.

우리 부모님은 매우 인격이 높고 성품이 온화한 분들이다. 지금 내가 아이들을 키우면서 소리 지르고, 못난 말들을 하는 것과 비교해 볼 때 두 분은 얼마나 나를 존중하며 키우셨는지 깨닫게 된다. 나는 부정적인 말이나 비난을 거의 듣지 않고 자란 편이다. 그런데도 엄마가 어느 날 지나가듯 내뱉은 한마디는 오랫동안 마음에 남았다.

"너는 네 아빠를 닮아서 좀 무심하고 이기적인 면이 있어." 자주 들은 말도 아니었고, 의도적으로 상처를 주려는 말도 아니었다. 그런데 이상하게도 그 말은 '나는 이기적인 사람이다'라는 생각의 사슬이 되어, 내 안의 어떤 부분을 오랫동안 묶어 놓았다. 나에 대해 긍정적인 생각을 하려 할 때마다 그 한 줄기 생각이 불쑥 올라와 나를 의기소침하게 만들었다.

주변을 둘러보면 누구나 자신에 대한 부정적인 생각 하나쯤은 품고 살아간다. 그리고 그런 생각은 대개 어느 정도의 '사실'을 기반으로 한다. 사실이 전혀 섞이지 않은 말이나 평가는 우리를 깊이 다치게 하지는 않는다. 하지만 그 진실은 언제나 '일부'일 뿐, 우리의 전부를 설명하거나 정체성 전체를 대변하지는 않는다. 문제는 바로 여기에 있다. 우리는 종종 그 일부의 사실을, 자기 자신에 대한 전부인 양

받아들이며 자신을 스스로 가두곤 한다.

나의 뚜렷한 이목구비가 누군가에게는 다소 부담스럽게 느껴질 수도 있겠지만, 시원하게 웃는 큰 입매는 또 어떤 이에게 기분 좋은 인상을 줄 수도 있을 것이다. 내가 이기적인 면이 있을 수는 있지만, 동시에 다른 사람을 도우며 잘 대하고 싶어 하는 따뜻한 성품도 분명 가지고 있다. 단지 내가 겪은 그 경험과 말이 너무나 크게 각인되어 내 생각을 사로잡았을 뿐이다. 내 생각을 묶은 사슬을 끊고 나오면 된다. 왜냐하면 자신에 관한 생각은 내 마음뿐 아니라 우리가 다른 사람과 소통할 때 큰 영향을 미치기 때문이다.

말하기를 가르치다 보면, 정말 다양한 사람들을 만나게 된다. 그리고 그만큼 말하기를 어렵게 만드는 이유도 제각각이라는 사실을 알게 된다. 일대일 대화 코칭을 하던 중, 말의 속도가 지나치게 빠르고 문장의 끝맺음을 흐리는 분이 있었다. "왜 그렇게 빨리 말씀하시나요?"라고 조심스레 물었더니 그는 이렇게 답했다.

"제가 말을 길게 하면 사람들이 지루해할까 봐요."

하지만 실제로 그의 말은 길지도 않았고, 전혀 지루하게 느껴지지도 않았다. 속도만 조금 조절하고 문장의 끝을 또렷하게 마무리하면, 오히려 조리 있게 잘 말하는 편이었다. 알고 보니 과거 누군가에게 "너 말이 지루해."라는 말을 들은 적이 있었고, 그 이후로 줄곧 그 말을 의식하게 되었다는 것이다. 나는 전혀 지루하지 않다는 점을 여러 번 강조하며 그가 자신에 대해 갖고 있던 부정적인 생각을 바꾸도록 도왔다. 그는 분명 말하기를 잘하고 있었고, 다만 그 장점을 스스로 인식하지 못하고 있었을 뿐이었다. 그래서 자신의 강점을 더 분명히 인지할 수 있도록 반복해서 강조해 주었다. 짧은 시간이었지만 그는 눈에 띄게 달라졌다. 자신감 있는 표정, 또렷한 어미 처리, 그리고 안정된 말의 속도에서 한층 더 나아진 모습을 보여 주었다.

이 문제는 단지 말을 빠르게 하거나 문장을 흐지부지 마무리하는 기술적인 차원만은 아니다. 자신을 '지루한 사람'이라고 스스로 정의하는 순간, 누구와 대화를 하더라도 마음이 조급해질 수밖에 없다. 그러면 결국 충분히 하고 싶은 말을 여유 있게 표현하지 못하게 된다. 문제는 말이 아니라 자신에 대한 '인식'에서 비롯된다.

한번은 대중 앞에서 발표를 앞둔 분의 스피치 코칭을 맡게 되었다. 첫 만남에서 그는 자신에게 발표 트라우마가 있다고 솔직하게 털어놓았다. "예전에 중요한 자리에서 마이크를 잡았는데, 갑자기 머릿속이 하얘져서 준비한 말을 제대로 하지 못하고 내려온 적이 있어요." 그는 일대일 대화에서는 편안하게 말할 수 있지만, 무대에서 마이크만 잡으면 또다시 실패할 것이라는 생각에 사로잡혀 있었다. 워낙 말을 잘하는 사람이어서 스피치 부문에 있어 크게 도울 일은 없었다. 그래서 내가 신경 썼던 것은 '과거와 똑같이 실패하지 않을 것이며, 잘할 수 있다'는 믿음을 심어주는 일이었다. 자기 안에서 믿음을 끌어올릴 수 없다면, 가르치는 나를 믿고 한번 해 보자고 권했다.

그의 발표는 어땠을까. 객석 조명이 꺼진 무대 위, 홀로 스포트라이트를 받으며 그는 대본 없이 20여 분간의 발표를 훌륭히 마쳤다. 그동안 이런 재능을 발휘하지 못한 것이 아쉬울 만큼 그는 마치 날개를 단 듯 무대를 자유롭게 누볐다. 그 순간, 무대 위에는 더 이상 '나는 마이크만 잡으면 실패해'라는 두려움이 존재하지 않았.

한 번의 큰 실패 경험은 그와 비슷한 상황을 다시 시도하는 걸 몹시 어렵게 만든다. 하지만 반복해서 도전하고, 그 과정에서 새로운 긍정적 경험을 차곡차곡 쌓아 나간다면, 결국 그 생각은 바뀔 수 있다.

나는 대학을 졸업한 이후 지금까지 줄곧 사람들 앞에 서서 마이크를 잡는 일을 해 오고 있다. 물론 늘 성공적인 경험만 있었던 것은 아니다. 고등학생 시절, 가창 시험을 보던 중 고음 부분에서 목소리가 제대로 나오지 않아 염소 울음 같은 소리로 노래를 부른 적이 있다. 순간 반 친구들 모두가 웃음을 참기 위해 책상에 고개를 묻고, 어깨만 들썩이던 장면이 지금도 눈앞에 그려져 웃음이 난다. 하지만 나는 그 어색하고 민망한 상황 속에서도 노래를 중단하지 않고 끝까지 완창했다. 그 순간의 나를 진심으로 칭찬해 주고 싶다. 누구에게는 충분히 트라우마가 될 수도 있었던 일이다. 그 이후에도 무대에서 실수한 경험은 더러 있었지만, 나는 여전히 사람들 앞에 당당히 서서 마이크를 잡고 있다.

　아나운서는 카메라 앞에 서지만, 강사는 사람들 앞에 선다. 매번 새로운 장소, 새로운 얼굴들과 마주하며 강의를 시작할 때마다 내면에서 작지 않은 싸움이 일어난다. '사람들이 나를 어떻게 볼까?', '내가 이 자리에 설 자격이 충분한가?' 잠깐이지만 그런 생각이 스치듯 지나간다. 그럴 때면 슬며시 올라오는 부정적인 생각을 빠르게 다잡는다. 나의 긍정적인 면을 떠올리며 청중들이 날 좋아해 줄 거라는 믿음을 갖고 첫 마디를 시작한다.

　말하기가 일대일 대화이든, 공적인 자리에서의 연설이든 간에 '자기 자신을 어떻게 바라보는가'는 매우 중요한 요소다. 말할 때 과도한 긴장감이나 부자연스러움이 나타난다면, 그 이면에는 '상대가 나를 부정적으로 볼 것'이라는 믿음이 자리하고 있기 쉽다.

　상대의 무표정한 반응, 그리고 나에 대한 부정적인 신념이 겹쳐지면, 우리는 점점 더 불편하고 위축된 말하기를 하게 된다. 그래서 말을 시작할 때는 '상대방이 나를 편안하게, 사랑스럽게, 그리고 흥미롭게 바라봐 줄 것'이라는 긍정적인 신뢰가 필요하다. 이 믿음이야말로 말하기에서 오는 과도한 긴장감을 줄이는 가장 효과적인 방법이다. 그러기 위해서는 먼저 내 안에 자리한 '나를 향한 부정적인 생각'이 무엇인지 조용히 점검해 볼 필요가 있다.

　나 역시 '부정적인 생각의 틀'에서 벗어난 경험이 있다. '내가 이기적이기 때문에 사랑받지 못하는 걸까?'라는 질문이 마음 깊은 곳에 여전히 남아 있었던 모양이다. 어느 날, 조용히 혼자 기도하던 중 그 생각이 다시 떠올랐고, 바로 그때 내면 깊은 곳에서 또렷하고 단단한 목소리가 올라왔다. '그래, 그런 면이 있을 수는 있어. 하지만 나는 그보다 훨씬 더 따뜻하고 착한 마음을 가진 사람이야.' 그 순간, 오랜 시간 나를 괴롭혀 왔던 두꺼운 생각의 사슬이 단번에 끊어지는 듯한 해방감을 느꼈다.

미국 존스 홉킨스 의대 소아정신과 지나영 교수는 『코어 마인드 Core Mind』라는 책에서 이런 내면의 변화에 대해 다음과 같이 말했다.

> "자신에 대한 신념, 타인에 대한 신념, 세상에 대한 신념 이 세 축이 건강해야 내면이 강해지고, 외부 상황에 흔들리지 않는 자아를 형성할 수 있다. 자신을 과소평가하거나 부정적인 사고에 빠진다면, 이는 결국 삶의 성과와 행복에도 큰 영향을 미치게 된다. 반면에 긍정적이고 현실적인 신념을 바탕으로 자신과 세상을 바라보면, 어떠한 어려움이 닥치더라도 이를 잘 극복해 낼 수 있다."

이제 자신을 향한 부정적인 생각들을 하나씩 건강한 신념으로 바꿔보자. 건강한 정체성을 세워주는 말들이 내면 깊이 뿌리내릴 때까지, 포기하지 말고 반복해서 자신에게 들려주자. 그러다 보면 사람들을 더 편안한 마음으로 대하고, 흔들림 없이 자신 있게 말하는 날이 반드시 찾아올 것이다.

 하루 한 문장, 우아하게 말하기 실천 팁

자신을 향한 부정적 신념에서 벗어나, 내면이 건강해지도록 돕는 말들!

- "나는 가치 있는 사람이야."
- "나는 사랑과 존중을 받아 마땅한 사람이야."
- "나는 존재 자체로 소중한 사람이야."

내가 나를 믿는 순간, 말은 힘을 갖는다.

나를 존중하고,
동시에 상대를 존중하라

 '내가 늘 맞춰 줘야 하는 사람'과 '나에게 무조건 맞춰 주는 사람', 둘 중 누구와 함께 있을 때 더 편안한가? 사실 둘 다 건강한 관계는 아니다. 모든 관계는 '쌍방향적'일 때 가장 건강하다. 한쪽의 일방적인 희생이나 헌신을 통해 유지되는 관계는 진심에서 우러나오는 기쁨을 누리기가 어렵다. 불균형한 관계가 계속되면 마음은 지쳐가고, 서로가 성장할 기회마저 잃게 된다. 결과적으로 관계가 오래 유지될 수 없다.

 의사소통과 관련한 강의를 할 때 나는 그림책 『곰씨의 의자』를 자주 활용하는 편이다. 이 책은 갈등 상황 속에서 우리가 어떻게 소통하고 있는지를 돌아보게 하는 좋은 매개가 된다.

 이야기의 주인공은 매우 친절한 곰씨다. 곰씨에겐 자신만의 힐링 공간인 의자가 하나 있다. 그곳에 앉아 여유롭게 시집을 읽고, 차를 마시거나 음악을 들으면서 평화로운 시간을 보낸다. 곰씨는 어느 날, 의자 앞을 지나던 여행가 토끼와 무용가 토끼를 만나 급속도로 가까워졌다. 두 토끼는 곧 결혼하고, 이후 자녀들을 아주 많이 낳는다. 토끼 가족은 곰씨를 무척 좋아했고, 곰씨 역시 그들을 아끼며 따뜻하게 맞이했다.

하지만 시간이 흐르며 상황이 달라졌다. 늘 무리를 이루어 곰씨의 의자에 머무는 토끼들 때문에 곰씨는 점점 자신만의 공간과 시간을 갖기 어려워졌다. 마음은 불편했지만, 곰씨는 토끼들에게 자신의 속마음을 솔직히 전하지 못한다. 나름의 방법으로 해결해 보려 하지만 번번이 실패하고, 결국 곰씨는 심신이 지쳐 쓰러지고 만다.

나는 이 그림책을 소개한 뒤 교육생들에게 이런 질문을 던졌다.

"만약 여러분이 곰씨와 같은 상황에 놓인다면, 어떻게 하시겠어요?"

그러면 돌아오는 반응은 매우 다양했다. 곰씨와 토끼들처럼 친밀한 관계 자체가 없는 사람도 있고, 속으로만 힘들어하며 내색하지 않을 것 같다는 이도 있다. 참다 참다 결국 폭발해 버릴 것 같다는 사람도 있고, 지질 대로 지친 끝에 조용히 관계를 끊어버릴 것 같다는 의견도 나온다.

관계 안에서 스트레스를 받거나 갈등이 생겼을 때, 사람마다 반응하는 방식이 다른 데에는 분명한 이유가 있다. '가족 치료의 어머니'라 불리는 버지니아 사티어Virginia Satir는 이에 대해 "사람들은 갈등 상황에서 생존을 위해 공통된 방식으로 긴장을 처리하며, 이는 다섯 가지 의사소통 유형(회유형, 비난형, 초이성형, 산만형, 일치형)으로 나타난다."라고 설명한다.

이 다섯 가지 유형은 평소의 대화 속에서는 잘 드러나지 않지만, 갈등 상황에 처하면 무의식적으로 나타나는 소통방식이다. 즉, 우리가 의식하지 못하는 사이, 관계 속에서 갈등을 대처하는 고유한 '말하기의 얼굴'이 드러나는 것이다.

사티어는 "자아존중감이란 '나는 가치 있고 소중하며, 유능하고 긍정적인 존재'라고 믿는 마음인데, 자아존중감을 회복시켜 자신의 가치를 인정할 때 안정적인 의사소통이 가능하다."라고 이야기한다. 그녀에 따르면, 자아존중감은 세 가지 핵심 요소를 갖추어야 한다. 바로 자기, 타인, 상황이다. 자기 자신의 가치를 존중하고, 타인을 배려하며, 상황을 객관적으로 인식하는 힘이 균형 있게 작동할 때, 진정한 자아존중감이 형성된다.

사티어가 제시한 다섯 가지 의사소통 유형 가운데 네 가지(회유형, 비난형, 초이성형, 산만형)는 건강하지 못한 방식이다. 이 네 가지 유형은 자아존중감을 구성하는 요소(자기, 타인, 상황) 중 하나 이상이 결여되어 있을 때 나타난다. 때로는 그 세 가지가 모두 빠져 있는 경우도 있다.

첫 번째, 회유형(Placater)

회유형은 따뜻하고 배려심 깊은 태도를 가지고 있어 다른 사람을 돌보는 데 익숙하다. 그러나 자아존중감의 핵심 요소 중 '자기'가 결여되어 있어 건강한 소통이라고 보긴 어렵다. 갈등 상황에서 상대방의 욕구만을 살피고, 자신의 감정과 욕구는 억누른 채 무조건적인 '사과'로 상황을 마무리하려는 경향이 있다. 결국 이는 상대방에게 인정받기 위한 소통이 되기 쉽다.

두 번째, 비난형(Blamer)

비난형은 리더십이 강하고 자기표현이 분명한 특징이 있지만, '타인'에 대한 배려가 부족하다. 갈등이 발생하면 책임을 상대에게 전가하고, 자신은 전혀 잘못이 없다는 태도를 보인다. 자신의 욕구만 중요하게 여기며, 타인의 감정이나 입장은 무시하는 경우가 많다. 문제가 생길 때마다 타인을 탓하는 습관이 있다면 비난형일 가능성이 크다.

세 번째, 초이성형(Super-reasonable)

초이성형은 이성적이고 논리적인 접근을 잘하며, 문제 해결 능력도 뛰어나다. 그러나 '자기'와 '타인' 두 요소가 결여되어 있어 감정이 배제된 비인격적인 소통방식이 나타난다. 자기감정에 대한 인식이나 표현이 부족하고, 상대방의 감정을 공감하거나 고려하지 않는다. 겉으로는 냉정하고 똑똑한 사람처럼 보이지만, 실제로는 타인에 대한 불신과 자기 자신에 대한 낮은 신뢰감에서 비롯된 방어적 태도일 수 있다.

네 번째, 산만형(Irrelevant)

산만형은 '자기', '타인', '상황' 세 요소가 모두 결여된 유형이다. 창의적이고 유머러스한 성향이 있지만, 감정적인 대화나 진지한 주제를 회피하려는 경향이 강하다. 자기감정을 잘 인식하거나 표현하지 못하고, 타인의 감정에도 공감하기 어렵다. 상황을 정확히 파악하지 못해 대화가 겉돌거나 본질을 비켜가는 경우가 많아 의미 있는 소통이 어려운 유형이다.

다섯 번째, 일치형(Congruent)

일치형은 '자기', '타인', '상황'이라는 자아존중감의 세 요소가 균형 있게 포함된 소통 방식이다. 문제 상황을 사실적이고 객관적으로 인식하며, 자신과 타인의 감정을 함께 고려할 줄 안다. 언어와 비언어를 통해 진심 어린 경청과 존중을 표현하고, 겉과 속이 일치하는 태도로 신뢰를 형성한다. 즉, 겉으로만 친절한 척하는 것이 아니라 진심 어린 배려가 말과 행동에 자연스럽게 드러난다. 그래서 상대는 그가 하는 말을 있는 그대로 받아들이고 믿을 수 있다.

우리가 추구해야 할 건강한 소통 유형은 바로 다섯 번째, '일치형'이다. 일치형 의사소통을 실천하면, 자신의 감정과 욕구를 잘 인식하고 표현하게 되어 불필요한 억압이나 감정 누적이 줄어든다. 물론 솔직함을 핑계로 거친 말로 상처를 주어서는 안 된다. 진실을 말하되, 그 안에 상대에 대한 존중과 배려를 담아 상처 없이 전할 수 있는 적절한 언어를 선택해야 한다. 관계에서 갈등이 발생하는 것을 두려워할 필요는 없다. 억지로 참고 있다가 조용히 관계를 끊거나, 비난하며 감정적으로 터뜨리는 방식만이 전부는 아니다. 자신을 존중하고 동시에 상대를 존중하는 대화를 통해 갈등을 건강하게 넘어설 수 있으며, 그 과정은 관계를 더욱 깊고 친밀하게 만드는 기회가 된다.

앞서 소개한 그림책 『곰씨의 의자』 속 곰씨는 결국 그렇게 힘들어만 하다가 끝났을까? 그렇지 않다. 곰씨는 끝내 쓰러진 자신을 정성껏 돌보는 토끼들 앞에서 용기를 내어 속마음을 꺼내 놓는다.

> "저는 여러분이 좋아요. 하지만 그동안 마음이 많이 힘들었어요. 물론 우리가 함께하는 시간은 참 소중해요. 하지만 가끔은 혼자 있고 싶어요. 조용히 책을 읽고, 명상하는 시간이 저에겐 필요하답니다. 앞으로 제 코가 빨개지면, 그건 '혼자 있고 싶다는 뜻'

이에요. 그럴 땐 잠시만 시간을 주세요. 그리고 무엇보다 소중한 제 꽃은 제발 살살 다뤄 주세요."

곰씨는 관계에 대한 애정과 소중함을 잊지 않으면서도, 자신의 마음이 오해받지 않도록 사려 깊게 표현했다. 토끼들이 싫어서가 아니라 혼자만의 시간이 필요했고, 자신의 소중한 꽃을 조심히 다뤄 달라는 요청을 하고 싶었던 것이다. 또한 언제 찾아오면 좋을지에 대한 구체적인 기준을 제시하며, 상황을 객관적으로 인식하고 있다는 점도 놓치지 않았다. 그동안 할 말을 마음에만 담아두고 끙끙 앓던 곰씨가 처음으로 자신과 타인을 함께 존중하는 '일치형 의사소통'을 실천한 기특하고 의미 있는 순간이었다.

책을 다 읽고 덮으려던 순간, 겉표지 안쪽에 그려진 그림을 보고 문득 마음이 따뜻해졌다. 곰씨가 익숙하고 편안한 공간인 의자에서 벗어나, 토끼들과 함께 산책하는 모습이 담겨 있었기 때문이다. 오직 자신의 공간이었던 의자의 영역이 숲속 깊은 곳까지 확장된 듯했고, 그만큼 곰씨의 마음도 넓어졌다는 느낌이 들었다. 자신과 다른 성향을 보인 존재를 받아들일 수 있는 마음의 크기 역시 함께 자란 것이 아닐까. 토끼들과의 관계가 갈등 속에서도 끊어지지 않고 건강하게 유지되었기에 가능한 변화였을 것이다.

나를 존중하면서 타인을 존중하는 일은 끊임없는 균형을 요구한

다. 나를 존중하려는 마음이 자기중심적이거나 이기적으로 흐르지 않아야 하고, 타인을 존중하려는 마음이 내 욕구나 감정을 억누르는 방식이어도 곤란하다.

완벽하지 않더라도, 다소 치우치더라도 우선은 좋은 방향으로 용기 있게 시도해 보는 것이 백번 낫다. 직접 가보지 않으면 다음 단계는 아예 열리지 않기 때문이다. 단 한 번이라도 시도해 보면, 다음에 다시 용기를 낼 수 있는 힘이 생긴다. 존중하려는 마음 자체가 이미 귀한 것이며, 이 마음에서 비롯된 태도야말로 나와 타인을 이어주는 힘이 되어줄 것이라 믿는다.

하루 한 문장, 우아하게 말하기 실천 팁

진실하지만 동시에 배려가 담긴 '일치형' 의사소통

- "당신이 좋아요. 함께하는 시간도 저에겐 정말 소중해요. 다만 가끔은 혼자만의 시간이 필요해 마음이 지칠 때가 있어요. 그런 때에는 제가 먼저 말씀드릴게요. 잠시 저만의 시간을 가질 수 있도록 배려해 주시면 참 좋겠어요."
- "당신의 의견도 이해가 돼요. 저 역시 같은 마음일 때가 많거든요. 그런데 이번에는 제 생각이 조금 달라요. 혹시 괜찮다면 제 입장도 함께 들어주시겠어요?"
- "요즘 피곤하신 것 같아 걱정됐어요. 도와드리고 싶은 마음은 크지만, 지금 제 에너지가 조금 부족한 상태예요. 회복한 뒤에 다시 힘을 보태고 싶어요. 잠시만 기다려 주실 수 있을까요?"

'솔직함'과 '배려' 사이의 균형이야말로 성숙한 소통의 핵심이다.

우아한 사람은
자신의 감정을 잘 보살핀다

    최근 1950년대 제주의 풍경을 배경으로 가족 간의 사랑과 인생사를 사계절에 빗대어 그린 드라마 〈폭싹 속았수다〉에 푹 빠져 있었다. 그중에서도 주인공 애순의 딸, 금명이가 연인과 이별하는 장면이 유독 기억에 남는다. 금명의 연인 영범은 좋은 집안 출신의 청년으로 두 사람은 무려 7년간 연애를 이어올 만큼 서로에 대한 깊은 애정을 나눈다. 그러나 영범의 어머니는 금명의 집안이 자신들과 어울리지 않는다며 금명과 그 부모를 은근히 무시하는 말을 서슴지 않는다. 결국 금명은 영범과의 이별을 결심하게 된다. 울며 매달리는 영범에게 금명은 조용히 말한다.

        "나는 네가 너무 좋은데, 나도 너무 좋아."

이 말을 시작으로 그는 슬퍼하는 영범에게 그간의 미안함을 사과하고, 앞으로 잘 지낼 수 있을 거라며 따뜻하게 위로한다. 그리고 함께한 시간에 대한 깊은 고마움을 전한다.

그 선택은 자신을 소중히 여기고, 자신의 감정을 섬세하게 들여다본 결과였다. 상대를 탓하거나 미워하기보다 자신과 가족이 더 크게 상처받지 않도록 내린 결단이었다. 자신의 내면을 성찰하고, 감정을 잘 돌볼 줄 아는 사람이었기에 가능한 이별이었다. 그래서일까. 금명의 이별은 슬픔을 품되 미움은 남기지 않는, 우아하고 성숙한 작별처럼 느껴졌다.

우아함은 단순히 외적인 태도나 스타일에서 비롯되는 것이 아니다. 그것은 내면의 안정감과 감정의 균형에서 우러나온다. 자신의 감정을 잘 보살피는 사람은 감정에 휘둘리지 않고, 차분하고 품위 있게 행동할 수 있다. 그러기 위해서는 먼저 자신의 감정을 정확히 이해하고, 있는 그대로 인정할 줄 알아야 한다. 아무리 온화해 보이는 사람이라도 언제나 한결같은 감정 상태를 유지할 수는 없다. 누구나 다양한 감정을 느낀다. 단지 감정에 휘둘리지 않고 잘 다루는 사람이 있을 뿐이다. 따라서 기쁨, 슬픔, 분노, 불안처럼 인간이라면 누구나 겪는 감정을 억누르거나 부정할 필요는 없다. 중요한 것은 그 감정들을 자연스럽게 받아들이고, 그다음에 어떻게 다룰지를 성찰하는 일이다. '감정을 인정하는 것', 바로 그 지점이 감정을 조절하는 첫걸음이다.

나는 개성이 다양한 사람들에 대해 비교적 수용적인 마음을 지니고 있다. 나와 성향이 다르거나 실수를 하는 사람에게도 대체로 관대한 편이다. 사람 때문에 상처를 받거나 마음이 크게 흔들리는 일이 드물고, 웬만한 상황은 좋게 넘기려 하며 불만을 쉽게 드러내지도 않는다.

하지만 가끔은 내 기준으로도 선뜻 넘기기 어려운 감정이 생길 때가 있다. 분명 말로 표현해야 한다는 걸 알고 있지만, 막상 입이 쉽게 떨어지지 않는다. 나는 원래 부정적인 감정을 드러내는 데 익숙하지 않은 사람이었다. 말을 꺼내고 나면 관계가 어색해지거나, 좋지 않은 결과로 이어질 것 같은 두려움이 있었다. 그래서 종종 감정을 스스로 지나치게 검열하며, '내가 너무 예민한 건 아닐까' 하고 자책하거나 의심하곤 했다.

하지만 감정은 옳고 그름으로 판단해 억누를 대상이 아니라 있는 그대로 받아들여야 비로소 건강하고 진실한 관계가 가능하다는 사실을 알게 되었다. 결국 나에게는 내 안의 한계를 넘어서는 용기가 필요했다.

강사로 일하며 한동안 마음이 상했던 일이 있었다. 돈과 관련된 문제였다. 내가 받은 대우가 부당하게 느껴졌고, 억울한 마음도 컸다. 아무리 속상해도 '돈 이야기'를 꺼내는 일은 쉽지 않았다. 계속 얼굴을 마주해야 하는 관계였기에 내 감정을 눌러 담고 그냥 넘기자고 생각했다. 하지만 그 감정은 쉽게 가라앉지 않았다.

혼자 끙끙 앓던 어느 날 새벽, 잠에서 깨어난 순간 머릿속에서 내가 해야 할 말이 대사처럼 또렷하게 떠오르는 것을 느끼고 깜짝 놀랐다. 단순히 넘길 문제가 아니라는 걸 그제야 알았다. 속으로만 삭이며 감정을 외면하는 것이 아니라 힘든 감정을 인정하고 적절히 표현하는 일이 필요하다는 걸 깨달은 것이다. 억눌린 감정이 곪아 결국은 상대를 미움으로 대하게 되는 것, 그건 결국 나 자신에게도 해로운 일이었다.

그래서 직접 말하는 것은 용기가 나지 않아 꾹꾹 눌러 담은 말을 이메일에 써 내려갔다. 고르고 고른 적절한 단어로 넘치거나 모자라지 않게 나의 마음과 상황을 정리해서 보냈다. 그 안에는 상대방을 향한 감사와 배려도 잊지 않았다. 비록 그 글이 내가 바랐던 결과로 이어지지는 않았지만, 그 자체로 큰 의미가 있었다. 나는 나의 감정을 온전히 보살폈고, 그동안 개인적인 성향과 연약함 때문에 잘하지 못했던 영역을 한 발짝 넘어서게 된 놀라운 경험이었다.

그 이후로 나는 부정적인 감정이 찾아왔을 때 무시하지 않고, 잘 받아주며, 적절히 표현하는 것을 점점 더 잘 해낼 수 있었다. 그로 인해 갑작스럽게 분노하거나 오해해서 소중한 관계를 잃는 실수를 피할 수 있었다.

우리는 많은 순간 감정을 다루는 서툰 방식을 선택할 때가 있다.

짜증이 나거나 화가 나는데 그 이유를 찾지 못한 채 표현부터 할 때가 있다. 사실 진짜 속상한 이유는 따로 있음에도 그 속상함을 잘 다루지 않고 엉뚱한 대상에게 나쁜 방식으로 표출하게 되는 것이다. 건강하고 침착한 표현은 내 감정을 정확히 인지하고, 정리할 수 있는 데에서 출발한다. 어떤 감정이 올라왔을 때 그것이 어디서 비롯된 것인지 천천히 들여다보는 시간을 가지는 것, 그것이 성숙한 감정 조절의 출발점이다.

리디아 브란코비치 Lidija Brankovic 작가의 그림책 『감정 호텔: 내 마음이 머무는 곳』은 감정을 어떻게 다루어야 할지 고민하는 이들에게 꼭 추천하고 싶은 책이다. 이 책은 다양한 감정을 '내 마음이라는 호텔에 찾아오는 손님'에 비유하며, 신선하고 재치 있는 시각으로 이야기를 풀어낸다. 단순하지만 적절한 비유, 따뜻하고 감성적인 그림 덕분에 마치 한 장 한 장을 천천히 음미하듯 넘기게 되는 그림책이다.

이 호텔에는 불안, 슬픔, 분노, 감사, 자신감, 행복 등 날마다 다양한 감정이 찾아온다. 그중에는 함께하면 재미있는 손님이 있는가 하면, 무척 까다로운 손님도 있다. 단, 원칙이 하나 있다면 어떤 손님도 거절하지 않고 소중히 대한다는 점이다. 호텔 지배인은 각 감정을 세심하게 보살피며, 그 감정에 알맞은 시간과 공간을 제공한다. 기쁜 감정은 스위트룸에서 편안히 쉴 수 있도록 안내하고, 목소리가 작은 슬픔의 이야기는 귀 기울여 들어준다. 소란스러운 분노에게는 마음껏 소리칠 수 있도록 가장 넓은 방을 내어준다. 이곳에서는 감정이 충분히 머물다가 자연스럽게 떠날 수 있도록 배려한다. 그저 감정이 제자리를 찾을 수 있도록 조용히 머물게 하는 것이 감정 호텔의 역할이다.

우리는 자신의 마음속 감정 호텔을 잘 경영하고 있을까? 나에게 찾아온 감정을 억누르거나 밀어내는 것이 아니라 적절한 공간을 마련해 주고 잘 돌본 후 자연스럽게 떠나보내고 있는지 자신에게 되묻게 된다. 내 안에 머무는 감정들을 따뜻하게 맞이하고, 조용히 이야기에 귀 기울여 줄 수 있는 사람은 내 마음의 지배인인 오직 '나'밖에 없기 때문이다. 나의 호텔 방은 정체를 알 수 없고, 무섭고 깜깜한 방이 아니라 누가 머물고 있는 방인지 분명히 알 수 있는 곳이기를 원한다. 다양한 손님들이 돌아간 후에 잘 정리되어 있는 단정한 곳, 빛과 사랑, 평안이 가득한 공간이 되기를 바란다.

자신의 감정을 잘 돌보는 사람은 타인의 감정에도 깊이 공감할 수 있다. 상대의 감정을 가볍게 여기거나 무시하지 않는다. 오랜 시간 자신 안의 감정을 돌보아 온 사람은 그 감정이 어떤 방에 들어가서 어떤 보살핌을 받아야 하는지 너무나 잘 알기 때문이다.

나의 감정을 잘 보살핀다는 것은 단순히 개인적인 문제가 아니라 삶의 전반적인 품격을 높이는 요소이다. 감정이 정돈되면 생각과 행동 역시 우아해지고, 나아가 주변 사람들에게도 긍정적인 영향을 미칠 수 있다. 누군가에게 감정을 털어놓는 순간, 분노가 더 거세질 수도 있지만, 반대로 그 감정이 가라앉으며 차분함을 되찾을 때도 있다. 감정은 표현의 방식에 따라 얼마든지 다른 결과를 만들어 낼 수 있는 것이다.

이제는 나만의 감정 관리법을 찾아보자. 글쓰기도 좋고, 음악 감상이나 운동도 훌륭한 방법이다. 무엇보다 감정이 격해졌을 때 잠시 거리를 두고 자기 스스로 정리할 줄 아는 여유, 그 한 걸음이 쌓이면 우리는 점점 더 건강하고 성숙한 방식으로 감정을 다루고 표현할 수 있게 될 것이다.

 하루 한 문장, 우아하게 말하기 실천 팁

내 감정을 먼저 받아들이고, 표현은 차분하고 품위 있게!

1. '내가 지금 왜 이런 감정을 느낄까?' 스스로 질문 던지기
2. 힐링할 수 있는 무언가를 찾아서 실천해 보기
3. '꼭' 말해야 하는 부정적 감정은 적절한 상황에서 침착하게 전달하기

내 감정을 품위 있게 다스리는 사람이 결국 인생의 흐름도 우아하게 이끈다.

판단의 마음에서
헤아리는 마음으로

어느 날, 동네를 걷다가 평소 적당히 알고 지내던 이웃을 마주쳤다. 반가운 마음에 가볍게 목례하며 눈인사를 건넸지만, 그 사람은 별다른 반응 없이 무표정한 얼굴로 휙 지나쳐 버렸다. 그 순간, 당신의 마음속에는 어떤 일이 일어날까?

'뭐야, 인사를 했는데도 모른 척한 거야?', '혹시 내가 뭔가 기분 상하게 한 일이 있었나?', '누가 내 얘기를 안 좋게 했을지도 몰라.'

이처럼 다양한 주관적 판단과 추측이 순식간에 일어날 것이다. 그렇게 잠깐의 생각에 마음이 휘둘리다 보면, 결국 기분이 상하는 쪽으로 결론이 흐를 가능성이 크다. 그리고 다음에 그 사람을 다시 마주쳤을 때, 처음처럼 반가운 마음으로 인사하기는 쉽지 않을 것이다.

우리가 누군가의 마음이나 생각을 빠르게 판단하려는 경향은 본능에 가깝다. 특히 상대의 눈빛이나 표정, 억양, 말투 등에서 부정적인 신호가 감지되면, 위험으로부터 자신을 보호해야 한다는 심리가 강하게 작용하기 때문이다. 이러한 즉각적인 판단이 항상 나쁜 것만은 아니다. 예컨대, 지하철에서 눈빛이 날카롭고 분노에 가득 찬 사람을 마주쳤다면, 당연히 자신을 보호하기 위해 옆 칸으로 피하는 것이 현명할 수 있다.

그러나 모든 인간관계에서 벌어지는 일을 이러한 빠른 추측과 판단에만 의존하기에는 정확도가 떨어지는 경우가 많다. **내 인사를 무시하고 지나간 것처럼 보였던 사람이 알고 보니 몹시 속상한 일이 있었거나, 급한 용무로 정신없이 걷느라 내 인사를 알아채지 못했을 수도 있기 때문이다.**

사회심리학자 윌리엄 이케스William Ickes 교수는 타인의 생각과 감정을 얼마나 정확하게 추측하는지를 나타내는 정도를 '공감 정확도 empathic accuracy'라고 정의한다. 그렇다면 우리의 공감 정확도는 어느 정도일까? 낯선 사람에 대해서는 그 정확도가 다소 낮을 수 있겠지만, 친구나 가족, 동료처럼 가까운 관계에 대해서는 꽤 높은 수준일 것이라 자신하는 이들도 많을 것이다.

하지만 연구 결과는 우리의 기대를 크게 벗어났다. 가장 가까운 관계로 여겨지는 부부 사이조차도 결혼 첫해에는 서로의 마음을 비교적 잘 헤아리지만, 시간이 흐를수록 공감하지 못하는 상황이 점점 늘어나는 것으로 나타났다. 이는 상대를 '잘 안다'는 자신감과 고정관념에 근거해 판단하기 때문이다. 또한 일반적으로 여성의 공감 능력이 남성보다 뛰어나다는 인식이 널리 퍼져 있지만, 이 역시 과학적 근거가 없는 통념에 불과하다는 사실이 밝혀졌다. 연구에 따르면, 공감 능력의 차이는 성별이 아니라 '상대방의 마음을 알고자 하는 동기'에서 비롯된다고 한다.

며칠 전, 8살 딸아이의 학교 친구가 우리 집에 놀러 왔다. 두 아이는 거의 세 시간 동안 즐겁게 놀았고 함께 저녁도 먹었다. 그런데 저녁 식사 중, 딸아이가 친구의 표정을 살피며 조심스럽게 물었다.

"주아야, 혹시 지금 즐거운 거 맞아? 네가 좋다던 그 장난감 말이야. 저녁 먹고 나면 네가 가지고 놀래? 지금 표정이 좋은 것 같지 않아서…."

딸의 솔직한 표현과 질문에 나는 내심 놀랐다. 친구가 괜찮다고 대답하자, 딸은 "그럼 너 원래 즐거울 때도 표정이 그런 거야?"라고 한 번 더 물으며 확인했다. 친구의 표정을 보면서 자기 때문에 기분이 나쁠 것이라 확신하지 않고, 한 번 더 확인하는 과정을 거친 것이다. 만약 그저 조심스레 마음을 닫고, 괜히 내가 기분을 상하게 했을지도 모른다는 생각에 위축된 채 남은 시간을 보냈다면, 그 시간은 우리 딸에게도, 친구에게도 절대 편하지 않았을 것이다. 사실 나 역시 속으로는 그 친구가 정말 괜찮았는지 궁금했기에 딸의 질문 덕분에 상황을 바로 확인하고 안심할 수 있었다.

실제로 딸의 친구는 이날 너무 즐겁고 행복한 시간을 보냈다며 엄마의 휴대폰을 통해 애정이 가득 담긴 음성 메시지와 문자를 보내왔다. 친구의 표정을 보며 마음을 확인하고자 했던 딸의 표현 방식이 서툴거나 세련되지 않았을 수는 있다. 그러나 적어도 순간적인 감정에 따라 상대를 단정 짓거나 섣불리 판단하지는 않았다. 건강하고 좋은 관계를 지속하기 위해서는 자기중심적인 판단을 잠시 유보하고, 상대의 마음을 헤아리려는 태도가 필요하다.

그렇다면 '상대방의 마음을 알고 싶다'는 바람은 어떻게 생겨날 수 있을까? 그것은 '나는 상대방을 잘 모른다'는 인식에서 비롯된다. 상대가 어떤 사람인지, 지금 어떤 마음 상태에 있는지를 정확히 알 수 없다는 전제가 필요하다. 나 자신의 불완전함을 인정할 때야 비로소 본능적으로 치솟는 생각들을 잠시 멈추고, 사실이 확인될 때까지 기다릴 수 있다. 나아가 잘못된 확신으로 감정이 상하고 관계를 회복하지 못하는 불상사를 막을 수 있다.

여러 사람이 함께하는 모임을 마치고 난 후에 가끔 사람들은 그 자리에 함께 있던 누군가를 언급하며 이런 질문을 한다.

"그 사람은 어떤 사람인 것 같아요?"

사실 나는 이 질문에 답하는 것이 꽤 어렵다. 더 솔직히 말하자면, 의도적으로 피하려 하는 경향도 있다. 누구나 인정할 만한 분명한 장점에 대해서는 기꺼이 편하게 칭찬할 수 있다. 하지만 단점이 느껴지는 경우라도 그것을 마음에 담아두거나 다른 사람에게 말하지 않는다. 내가 누군가를 판단할 만큼 언제나 정확한 존재가 아니며, 그 사람의 배경과 이야기에 대해 충분히 알지 못한다는 사실을 인정하기 때문이다. '나와는 다른 사람이야', '내가 힘들어하는 면을 지닌 사람이야'라는 판단에 사로잡히면, 마음을 열고 상대를 순수하게 알아가는 일이 어려워진다. 반대로 '분명 좋은 사람이야'라는 성급한 판단 역시 기대와 어긋나 실망을 낳기도 하고, 중요한 일에서 상대의 말만 믿고 섣부른 선택을 하게 만들 수도 있다.

좋은 사람인지, 혹은 나쁜 사람인지에 대한 빠른 판단이 나를 지켜주거나 좋은 관계로 이어주는 것이 아니다. 그 사람에 관한 판단은 조금 뒤로 미루고 상대방을 조심스럽게 천천히 알아가는 것이 필요하다. 그 사람의 말과 행동 이면에 존재하는 스토리도 포함해서 헤아리려는 마음을 가졌으면 한다.

이렇게 판단의 마음을 갖지 않으려 조심하는 나조차도 가족을 대할 때는 갖고 있던 기준이 무너지는 때가 많다. 어느 날, 남편이 대화 중 "여보, 당신 자기중심적인 거 알지?"라고 불만이 섞인 목소리로 말했다. 나는 그 순간, 남편이 어떠한 계기로 무슨 마음이 들어 그런 이야기를 꺼냈는지는 중요하지 않았다. 나를 향한 공격으로 느꼈고, 바로 맞받아쳤다.

"뭐라고? 지금 나를 비난하는 거야? 당신은 안 그래? 나보고 어쩌라고!"

지금 돌이켜보아도 그때의 내 첫 반응은 부끄럽기만 하다. 한 차례 큰 다툼이 있고 난 뒤, 남편의 진심을 차분히 들어보니 그의 말에는 나를 무조건 비난하거나 공격하려는 의도가 없었다. 남편 역시 자신에게도 자기중심적인 면이 있으며, 누구나 그런 성향을 가질 수 있다고 생각하고 있었다. 자녀를 잘 키우기 위해서는 부부 모두 자신을 돌아볼 필요가 있다는 고민에서 꺼낸 이야기였고, 내가 그렇게까지 크게 화를 낼 줄은 몰랐다고 했다.

남편의 이야기를 자세히 듣고 나니, 고개가 끄덕여지는 부분이 많았다. 나의 부족함을 미처 알아차리지 못한 데서 오는 미안함과 부끄러움도 함께 밀려왔다. "맞아, 나한테 그런 면이 있는 것 같아. 그래도 다음엔 좀 더 부드럽게 표현해 줄 수 있을까?" 하고 조심스럽게 내 마음도 전했다.

그날 이후로 나는 남편을 그 누구보다 깊이 헤아리려는 노력을 기울였다. 그리고 헤아리려는 마음을 도와줄 만한 말들을 자주 꺼내기로 했다.

"듣고 보니 그렇게 느낄 수도 있었겠다."

"어떤 마음에서 그렇게 말한 거야?"

"미안해, 앞으로는 나도 노력해 볼게."

처음에는 이런 말들이 어색하게 느껴질 수 있다. 하지만 자주 반복하다 보면 점점 익숙해지고 괜찮아진다. 내 입에서 나온 말은 가장 먼저 내 귀가 듣게 되고, 그 말은 마음 깊은 곳까지 스며들어 결국 내 감정을 잠잠하게, 부드럽게 만들어 준다. 헤아리려는 마음이 잘 생기지 않는다면 먼저 헤아리려는 '말'의 도움을 받는 것도 현명한 방법이다.

지금 문득 떠오르는 한 사람이 있다. 조직에 잘 적응하지 못하는 사람조차 그녀와 함께 있으면 아이처럼 환하게 웃으며 대화를 나눈다. 그녀는 상대를 편견이나 판단 없이 있는 그대로 받아들이며, 섣불리 조언하거나 해결책을 제시하려 하지 않는다. 그저 순수한 마음으로 상대의 진심을 알고 싶다는 동기로 대화를 이어간다. 나는 늘 이런 사람과 함께하고 싶다. 상대를 판단하는 마음 대신 헤아리는 마음으로 다가가 보는 건 어떨까.

하루 한 문장, 우아하게 말하기 실천 팁

성급한 판단은 잠깐 멈춤! 천천히 상대방의 입장 헤아려 보기

- '저 사람에 대해 지금 내가 느끼는 게 정답이 아닐 수도 있어.'
  (부정적 판단 보류하기)
- "내가 오해하는 건지 몰라서 그러는데… 혹시 어떤 뜻으로 말한 거야?"
  (상대방 입장 알아보기)
- "네 얘기를 들어보니 정말 그럴 수도 있었겠다."
  (헤아리기)

내가 바뀔 때, 비로소 관계도 달라진다.

자신을 포장하고 싶은
유혹에서 벗어나라

지금 사는 동네의 한 태권도장에서 일주일에 두 번 정도 운동을 하고 있다. 어느 날, 운동을 지도하던 관장님이 고개를 절레절레 흔들며 하소연을 시작하셨다. 평소 먼 거리도 자전거로 이동하며 운동을 즐기시는 관장님은 얼마 전, 자전거 사고가 날 뻔했던 아찔한 경험을 털어놓으셨다.

자전거 전용도로에서 속도를 내어 달리던 중, 도로 한복판에 갑자기 멈춰 선 자전거 한 대가 있었고, 그 옆에는 누군가가 셀카를 찍고 있었다는 것이다. 급히 방향을 틀지 않았더라면 충돌했을지도 모를 상황이었다. 관장님은 SNS에 올릴 사진이 점점 더 중요한 일이 되어버린 요즘, 이런 행위들이 예상치 못한 위험을 불러오고 있다며 안타까움을 전하셨다.

'자랑'이란 자신의 능력이나 소유물, 성취 등을 타인이 칭찬할 만한 가치로 드러내는 행위다. 최근 SNS에 올라오는 사진들을 보면, 자신의 모습을 실제보다 더 매력적으로 꾸미거나, 특별한 경험과 성취를 강조하려는 욕구가 우리에게 있음을 알 수 있다. 이러한 SNS 자랑은 타인의 인정과 관심을 얻고자 하는 심리에서 비롯된다. 포장된 이미지를 통해 어느 정도 관심과 긍정적인 평가를 얻을 수도 있다. 그러나 지나치게 꾸며진 모습은 오히려 자기 가치를 있는 그대로 받아들이는 데 방해가 되고, 건강한 자아상을 형성하는 데에도 악영향을 미친다. 더 나아가 진정성 있는 소통과 깊이 있는 관계를 맺는 일 역시 점점 어려워진다.

영어에서 가장 말하기 어려운 세 단어가 무엇일까. 정답은 바로 'I don't know'라고 한다. "나는 잘 모른다."라는 말을 사람들 앞에서 하기가 제일 어렵다는 의미다. 리즈대학교에서 발달심리학을 가르치는 아만다 워터맨Amanda Waterman 교수는 이를 뒷받침하는 흥미로운 연구를 진행했다. 그녀는 5세에서 8세 사이의 아동들에게 일련의 질문을 던졌고, 그 결과 약 75%의 아이들이 답을 알지 못하면서도 '예' 혹은 '아니오'라고 단정적으로 대답했다.

어린아이들만 그런 결과를 가져온 것은 아니다. 성인들을 대상으로 같은 테스트를 진행했을 때도 성인 네 명 중 한 명이 제대로 알지 못하는 내용을 아는 것처럼 답했다. 워터맨 교수에 따르면, 특히 상대가 자신보다 더 높은 지위에 있거나 영향력이 있다고 느껴질 경우, 우리는 무지를 더 인정하지 않는 경향이 있다고 한다.

강의를 시작한 지 얼마 되지 않았을 무렵, 강의를 의뢰한 기관에 강사 경력과 프로필을 제출해야 할 일이 있었다. 중간에서 강사 섭외를 맡은 동료는 강의 경력에 따라 출강 여부와 강사료가 달라질 수 있다며 경력을 조금 부풀려 적는 것이 좋겠다고 조언했다. 순간, 상황을 고려해 적당히 기준에 맞춰 쓰는 것이 현명한 일일지 고민이 되었다. 하지만 거짓을 적을 수는 없어 최대한 사실에 가깝게 작성해 제출했다. 그 이후로도 나는 여러 번 타인의 기대나 조건에 맞추어 나 자신을 꾸며야 할 상황에 놓이곤 했다.

특정 분야의 전문가처럼 보이고자 하는 유혹은 특히 비즈니스 현장에서 더욱 강하게 나타난다. 예를 들어, 컨설턴트와 고객이 첫 미팅을 가질 때, 양측이 기대하는 바는 다르게 나타난다. 컨설턴트에게 '고객에게 어떤 모습을 보여 주고 싶은가'라고 물었을 때, 많은 이가 자신을 전문적인 사람으로 강하게 인식시키고 싶다고 답했다. 반면, 고객에게 '컨설턴트에게서 어떤 모습을 기대하는가'라고 질문했을 때는, 전문성보다는 '신뢰감 있는 태도'를 원한다는 응답이 많았다.

전문성에서 신뢰가 비롯될 수는 있지만, 여기서 말하는 신뢰감은 '그 사람이 믿을 만한 사람인가'를 느끼고 싶다는 데 더 가깝다. 만약 전문성을 드러내기 위해 자신의 성과를 과장하거나 지나치게 포장하려는 태도가 감지된다면, 오히려 고객은 그 컨설턴트를 신뢰하기 어려워질 수 있다. 비즈니스는 명예와 부에 직결되기 때문에 들키지만 않으면 괜찮다는 식으로 끝까지 밀어붙이려는 유혹에 쉽게 노출된다. 이러한 태도는 단기적으로는 좋은 이미지를 줄 수 있을지 모르지만, 장기적인 신뢰를 쌓는 데에는 분명 한계가 있다.

누군가에게 호감을 줄 수 있는 이미지를 갖추는 것은 분명 좋은 일이다. 내면은 훌륭하지만 외적인 부분에서 상황에 어울리게 자신을 표현하는 데 익숙하지 않은 사람들이 있다. 오랜 시간 자신의 경력을 성실히 쌓아왔음에도, 그것을 우아하고 매력적인 말로 전달하는 데 어려움을 겪는 이들도 있다. 이런 분들에게는 나와 같은 이미지 혹은 스피치 컨설턴트의 도움이 필요하다.

그러나 이미지메이킹은 절대 '없는 것을 있는 것처럼' 보이게 만드는 과장이나 포장의 개념이 아니다. 오히려 이미 갖추고 있는 장점과 진정성을 어떻게 효과적으로 전달할 것인가에 더 가깝다.

없는 것을 있는 것처럼 보이려는 시도는 오히려 우리를 불안하게 만든다. 그리고 나는 그 불안이 어떤 감정인지 누구보다 잘 알고 있다. 아나운서라는 직업을 갖게 되면서 나의 허술하고 부족한 부분이 드러나지 않도록 늘 조심하고 애써왔다. '아나운서'라는 직함이 주는 이미지와 기대가 있었고, 특히 일과 관련해 만나는 사람들 앞에서는 그 기대를 깨뜨리지 않기 위해 노력했다. 아나운서로서의 적절한 이미지가 곧 신뢰로 이어진다는 부담감이 있었기 때문이다. 이러한 노력은 직업적으로 성장하는 데 꼭 필요한 과정이었다고 생각한다.

하지만 그만큼 긴장을 놓지 못한 탓에 사람들 앞에서 자연스러운 모습을 보여 주지 못했던 점은 지금도 아쉬움으로 남는다. 멋진 목소리와 지적인 태도로 말하고 있으면서도, 혹시 내 부족한 면이 드러나지는 않을까 하는 불안감이 늘 마음 한구석에 자리하고 있었다.

만나는 사람에게 잘 보이고 싶은 마음은 누구에게나 있는 자연스럽고 당연한 반응이다. 문제는 '어떻게 잘 보일 것인가'에 있다. 빈틈없이 완벽하게 자신을 꾸며내는 것이 정답일까? 모든 단점을 철저히 감추고 차단한다면, 그것이 과연 나를 성공적으로 표현한 것이라 할 수 있을까?

나를 가장 잘 보여 주는 것은 곧 자기 제시self-presentation의 효과를 극대화하는 것이라 할 수 있다. 그리고 이 자기 제시의 극대화는 소통 능력이 최대로 발휘될 때 가능하다. 정말 편하고 좋아하는 친구들 앞에서 평소엔 드러나지 않던 내 장점과 매력이 자연스럽게 빛을 발하는 것과 같은 이치다.

반대로 상대방을 대할 때 마음이 편치 않거나, 그를 '나를 평가하는 사람'으로 보기 시작하면, 나도 모르게 불안이 슬그머니 싹트게 된다. 이러한 불안은 자기 제시의 효과를 가장 강하게 방해하는 요인이다. 불안을 줄이기 위해서는 무엇보다 '지나치게 잘 보이려는 욕심'을 내려놓아야 한다. 잘 표현하는 것과 과도하게 포장하는 것은 분명 다르다. 욕심이 앞서면 표현은 어색해지고, 태도는 경직되기 쉽다.

면접자와 면접관 사이의 소통만 떠올려 봐도 그렇다. 면접자는 면접관에게 잘 보여야 한다는 부담이 크기 때문에 많은 경우 모든 질문에 누구나 할 법한 모범답안을 준비해 답하게 된다. 답변만 들으면 흠잡을 데 없는 사람처럼 보이지만, 정작 면접관은 그 지원자를 꼭 뽑아야겠다는 확신을 갖지 못한다.

과하게 잘 보이려는 마음은 결국 자신만의 개성이 담기지 않은 틀에 박힌 답변을 만들어 낸다. 그로 인해 진정성 있는 소통은 일어나지 않고, 소통이 부재한 상황에서는 상대를 제대로 파악하기도 어렵다. 더불어 꾸며낸 모습은 그 사람만의 특별한 매력이나 고유한 강점을 드러내지 못하게 만든다. 결국 크게 기억에 남지 않는 면접자가 될 확률이 높다.

나를 포장하려는 유혹에서 벗어나기 위해서는 욕심을 내려놓는 것과 더불어 상대방도 나를 좋은 시선으로 바라볼 것이라는 '자신감'이 필요하다. 그 자신감은 객관적인 기준이나 성과에 근거한 것이 아니다. 남들과 비교해 '자신감을 가질 만한가'를 따져볼 필요도 없다. 먼저는 자기 자신의 모습을 있는 그대로 마음에 들어 하면 된다.

강사로 일하기 시작하면서 그저 부드럽게만 보이는 나의 이미지가 마음에 들지 않았다. 주변에서 본 몇몇 강사들처럼 사람들을 휘어잡는 카리스마가 있으면 좋겠다고 생각했다. '부드럽고 편안하다'는 피드백조차도 한동안은 진심 어린 칭찬으로 느껴지지 않았다. 본래의 나가 아닌, 다른 사람처럼 보이기 위해 애쓰는 일은 생각보다 많은 에너지를 빼앗았다. 하지만 어느 순간부터 '부드러움'과 '편안함'이야말로 내가 가진 고유한 강점임을 인정하기 시작하면서 마음이 한결 편해졌다. 오히려 이 강점을 충분히 이해하고 활용하는 것이야말로 '나다움을 가장 잘 드러내는 길'이라고 여겼다. 그리고 상대방도 분명 내 이런 면을 좋아해 줄 것이라는 확신이 생기자 마음에 여유가 생겼고, 더 이상 나 아닌 누군가가 되기 위해 애쓰지 않게 되었다.

자신의 강점이 무엇인지, 한 번 깊이 들여다보길 바란다. 자신을 과소평가하지 않는 마음, 나의 가치를 믿는 태도야말로 소통의 잠재력을 극대화하는 출발점이다. 상대의 기대를 충족시키고 싶은 마음이 올라올 때, 인정받고 싶다는 욕구가 고개를 들 때, 그 순간 마음속 '정지 버튼'을 눌러보자. 더 멋지게 포장하고 싶은 유혹을 이겨내는 바로 그때, 가장 편안한 상태에서 진짜 나의 매력이 자연스럽게 드러나기 시작할 것이다.

하루 한 문장, 우아하게 말하기 실천 팁

상대와의 소통을 극대화하는 것은, 완벽한 모습이 아니라 가장 나다운 모습입니다.

- "나도 충분히 매력적이고, 호감을 줄 수 있는 사람이야."
  (자신감)
- "저 사람도 분명 나를 긍정적으로 바라볼 거야."
  (상대방에 대한 신뢰)
- "과하게 포장하기보다는, 내 진짜 장점을 자연스럽게 드러내야지."
  (나다움의 표현)

자신을 '믿는' 사람만이 자연스럽게 빛날 수 있다.

3장

말하기 전에 놓치지 말아야 할 것들

말보다 중요한 것은, 말 이전의 준비입니다. 내가 누구에게, 왜, 무엇을 말하려는지 자각하는 힘이 필요합니다. 순간을 채우는 말보다 관계를 쌓는 태도가 더 오래 남습니다. 좋은 말은 경청에서 나오고, 깊은 말은 침묵에서 시작됩니다.
말하기 전에 잠시 멈추어 생각하세요! 그 한 호흡이 말의 품격을 결정 짓습니다.

나를 인정할수록
자유로워진다

　강의 시간에 수강생들이 자신의 유형에 대해 진단할 수 있도록 20여 개의 문항을 읽고 하나씩 체크할 때가 있다. 어떤 사람은 굉장히 빠르게 작성하는데, 또 어떤 사람은 심각하게 고민하면서 천천히 표시하기도 한다. 자신에 관한 일이라 엄청나게 집중되어 있다. 나는 그 조용한 시간에 진단의 정확도를 높이고 사람들도 잠시 웃게 해 줄 겸 이런 이야기를 하기도 한다.
　"여러분, 이 문항을 읽고 나서 내가 되고 싶은 사람에 표시하시면 안 됩니다. 실제 여러분이 어떠한지를 솔직히 적으셔야 해요."
　이 말을 하고 나면 피식하고 웃는 분도 계시지만, "바라는 내 모습과 실제 모습이 섞여서 어떤 게 맞는지 헷갈리네요." 하시는 분도 있다.

우리는 자기 자신에 대해서 얼마나 솔직하게 알고 있을까? 남들이 알고 있는 나와 내가 생각하는 나는 과연 얼마나 정확히 일치할까? 퍼스널컬러 진단이나 성격 유형 진단처럼 우리는 자신을 알아가는 일에 재미와 즐거움을 느낀다. 그런데 긍정적인 면이 아닌 나의 단점이나 결점을 마주하고 인정하는 일은 그리 유쾌하지 않다. 때론 그것이 괴로움이나 수치심을 동반하며, 좀처럼 받아들이기 어려운 감정으로 다가오기도 한다.

한 번은 J라는 동생에게 연락이 왔다.
"언니, 제가 같이 일하는 분이 있는데요. 그분이 제 말투 때문에 그동안 마음에 쌓였던 서운함을 솔직하게 털어놓으셨어요. 언니도 알다시피 제 말투가 좀 세잖아요. 인정은 되는데… 너무 당황스럽고 부끄러워서, 이제 그분 얼굴을 보며 일할 용기가 안 나요."
이렇게 원치 않은 방식으로 타인에 의해 자신의 부정적인 면을 직면해야 하는 상황도 있다. J 역시 자신의 말투에 다소 투박한 면이 있다는 것을 어느 정도 인지하고 있었지만, 그것을 상대방의 입을 통해 직접 듣게 되자 마음이 몹시 불편하고 힘들었다고 한다. 그분이 J의 단점을 언급하며 감정을 터뜨린 방식은 솔직히 말해 바람직하다고 느껴지진 않았다. 좀 더 이른 시점에 배려가 담긴 말투로 조심스럽게 전했더라면 어땠을까 하는 아쉬움이 남았다.
하지만 이런 상황에서 감정만을 곱씹으며 관계를 단절하는 것은 더 안타까운 선택일 수 있다. 비록 전달 방식은 서툴렀지만, 상대방 역시 자신의 불편한 감정을 해소하고, 관계를 이어가고자 하는 의도가 있었기 때문이다.

J는 자신의 부정적인 면이 드러났다는 사실에 수치심을 느꼈고, 앞으로도 비슷한 일이 반복되지는 않을까 하는 두려움도 있었다. 이러한 수치심과 두려움은 타인에 대한 원망으로 이어지고, 결국 관계를 끊어버리고 싶은 마음까지 불러올 수 있다.

그러나 같은 상황에서도 우리는 다른 방식으로 반응할 수 있다. 그것은 바로 자신을 있는 그대로 인정하는 것이다. 여기서 말하는 인정은 타인의 감정이나 시선을 그대로 받아들여 '나는 나쁜 사람이야.'라고 낙인찍는 것이 아니다. 그저 내 안에 그런 면이 어느 정도는 존재할 수 있음을 담담히 받아들이는 것이다. '그래, 그 사람이 말한 정도는 아닐지라도, 내 말투가 누군가에게는 그렇게 비춰질 수도 있었겠구나.' 이처럼 자신을 방어하거나 몰아붙이지 않고, 사실 그대로 수용하는 태도에서 회복과 성장이 시작된다.

나에게 있는 모습을 합리화하지도, 비관하지도 않으면서 담담하게 받아들이는 것은 한 줄기 빛이 내 마음속에 들어오는 것과 같다. 어두워서 잘 드러나지 않던 방 안의 물건이 불빛을 켜면 보이는 것처럼 자세히 몰랐던 나의 모습을 발견하는 계기가 된다. 나를 인정하고 나면 마냥 그 사람이 나를 비판하고 갈등을 만들기 위해서 그렇게 행동했다고 여겨지진 않는다.

'나의 어떠한 모습이 힘들 수도 있었겠다.'
'내 의도와 다르게 전달될 수 있는 부분은 지금부터 인지하고 조심할 필요가 있겠네.'

공감이 생기고 나면 앞으로의 방향까지 생각할 수 있는 여유가 찾아온다. 절대 쉽다고 할 수는 없다. 우리도 막상 부정적인 면에만 초점을 맞춘 상대방의 뾰족한 말을 들으면 상처를 받는다. 그러나 관계가 늘 상처와 갈등으로만 끝나서는 안 된다. 그래서 더욱 마음과 생각을 전환하는 노력이 필요하다. 나를 있는 그대로 인정하는 것은 오히려 더 좋은 방향으로 나아갈 기회이자 중요한 전환점이 될 수 있다.

알고는 있었지만 인정하고 싶지 않은 나의 면을 누군가가 날카롭게 지적하고, 어쩔 수 없이 그것과 마주했을 때 처음에는 온갖 부정을 다 하고 상대방을 비난하기에 급급했던 때가 있었다. 그런데 나의 단점을 인정하고 받아들이고 나자, 상대와 싸워 이겨야겠다는 투지는 자연스레 사라졌다. 사실 내가 싸워야 할 대상은 그 사람이 아니라 나 스스로 내 모습을 바라볼 때 느끼는 불편한 감정이었다. 그 감정을 잘 다독이며, 어떻게 개선하고 변화해 갈지를 고민하는 것이 훨씬 더 나은 선택이었다. 감추고 눌러 두려 했던 부분을 솔직히 마주하고 인정하며, 다루기 시작하니 마음이 한결 가벼워지고 자유로워졌다.

자신을 인정한다는 것은 단지 약점을 받아들이는 것만이 아니라 자신의 강점을 인정하고 수용하는 것까지 포함한다. 그런데 우리는 의외로 자신의 강점을 인정하는 데에 인색하다. 타인의 좋은 점은 쉽게 발견하고 기꺼이 인정하면서도, 정작 내 안에 있는 장점은 과소평가하거나 지나치게 겸손한 태도로 눌러 버리는 경우가 많다. 특히 누군가와 비교했을 때 상대적으로 뛰어나지 않다고 느껴지는 부분은 아예 장점으로 여기지 않기도 한다. 그러나 자신의 강점을 절대적인 기준에 따라 판단할 필요는 없다. 그저 있는 그대로, 느껴지는 대로 인정하고 받아들이면 된다.

자신의 장점을 있는 그대로 받아들이는 사람은 타인과의 관계에서도 더 자유롭고 진솔하며, 수용적인 태도를 갖출 수 있다. 누군가가 나의 좋은 점을 발견해 말해 주면, 우리는 주로 어떤 반응을 보일까? 상대방이 무안할 만큼 "아니에요, 전혀 아니에요."라며 손사래를 치는 경우가 많지 않은가. 이처럼 자신을 낮추는 반응은 오랫동안 겸손이 미덕으로 여겨져 온 문화적 영향이 크다. 물론 상대를 높이고 존중하는 겸손한 태도는 소중하다.

하지만 자신에 대해 긍정적으로 인식하고, 그것을 진솔하게 받아들이는 태도는 절대 교만함이 아니다. 오히려 상대에게 '이 사람과는 의미 있는 이야기를 안전하고 자유롭게 나눌 수 있겠구나.' 하는 신뢰감을 주는 태도다.

최근에 딸 친구의 어머니를 만날 기회가 있었다. 그날 그녀의 말투와 모습이 참 곱고 단정하게 느껴져, 진심을 담아 칭찬을 건넸다. 그러자 그녀는 환하게 웃으며 말했다.

"좋게 봐주셔서 정말 감사해요. 되도록 예쁘게 말하려고 노력하는 편이에요. 로은이 어머니 칭찬 덕분에 오늘 하루가 정말 행복할 것 같아요." 그 순간, 우리의 대화 속으로 신선하고 따뜻한 바람이 불어오는 듯한 기분이 들었다. 내가 건넨 칭찬을 기쁘게 받아주는 그녀의 반응 덕분에 그 말이 더욱 가치 있게 느껴지는 순간이었다. 자신의 장점을 자연스럽고 기분 좋게 받아들이는 그녀의 태도를 보며, 나 또한 내 생각과 경험을 더 자유롭게 나누고 싶다는 마음이 커졌다.

모든 것은 안에서 밖으로 흘러나온다. 그러니 가장 먼저, 나 자신을 들여다보자. 내 배경, 성격, 장단점을 따뜻한 시선으로 수용할 때, 우리는 수치심과 억압으로부터 비로소 자유로워질 수 있다. 그리고 나를 향한 따뜻한 시선은 자연스레 타인에게도 전해진다. 서로를 향한 용납과 인정이 담긴 대화는 훨씬 더 깊고 풍성해진다. 나와의 관계가 타인과의 관계로 확장되는 것이다.

미국의 심리학자 칼 로저스Carl Rogers는 "자기 자신을 수용하고 인정할 때, 더 만족스러운 삶을 살 수 있다."라고 말한다. 더 멋진 사람이 되기 위해 애쓰기보다는 지금, 이 순간 '여기 있는 나'를 먼저 알아

주고 보듬어야 한다. '멋진 사람'이 되는 일은 그다음이다. 진정 멋진 사람은 자신의 내면에 있는 '여유와 만족감'을 자연스럽게 타인에게 '흘려보낼 줄 아는' 사람이라는 것을 잊지 말자.

 하루 한 문장, 우아하게 말하기 실천 팁

단점을 받아들이는 용기와 여유,
장점을 인정할 때 누리는 기쁨과 감사

- "맞아요, 저한테 그런 면이 조금 있는 것 같아요."
- "제 말이나 행동이 불편하게 느껴졌을 수도 있겠네요."
- "따뜻한 칭찬 정말 감사해요. 그 말 덕분에 하루가 훨씬 행복해 졌어요."

자신을 인정하는 말은 나를 더 단단하게 하고, 관계를 더 풍성하게 만든다.

순수한 관심이
좋은 질문을 만든다

　말하기를 주제로 강의하다 보면 말수가 적은 사람일수록 부담을 크게 느끼곤 한다. 할 말이 많지 않고, 말을 매끄럽게 잘하지 못한다는 이유에서다. 그런 이들에게 반가운 소식이 있다. 청산유수처럼 말을 잘하지 못해도, 충분히 좋은 대화를 만들어갈 수 있다.
　대화는 일방적인 독백이 아니라 서로가 주고받으며 함께 완성해가는 과정이기 때문이다. 굳이 한 사람이 말을 많이 할 필요는 없다. 과녁을 향해 화살을 쏘듯 일방적으로 말을 던지기보다 탁구처럼 서로 주고받는 것이 중요하다.
　누군가와 이야기를 나눌 때, 대화 소재가 끊기고 침묵이 흐르면서 불편함을 느끼는 순간이 찾아오기도 한다. 편한 관계라면 침묵조차도 쉼이 될 수 있고, 말과 말 사이의 여백마저도 자연스럽게 느껴지지만, 아직 어색한 사이에서는 그 침묵이 낯설고 부담스럽게 느껴질 수 있다. 그래서 많은 사람은 어색함을 피하고 침묵이 생기지 않도록 미리 말을 이어갈 수 있는 질문을 준비하곤 한다. 상대방이 말하는 동안 머릿속은 쉴 새 없이 돌아간다. 지금 이야기와 관련해 어떤 질문을 던져야 자연스럽게 이어갈 수 있을지 머릿속에 준비해 두었다가 약간의 침묵이 생기면 바로 질문을 던진다. 물론 이 방법으로 어느 정도 대화를 이어갈 수는 있다. 그런데 한계가 있다. 그 이야기가 상대방이 계속 나누고 싶지 않은 주제라면, 추가 질문은 오히려 부담으로 다가올 수 있다.

그럼 어떤 질문을 던지는 것이 좋을까. 내가 실제로 상대방에게 궁금한 것을 물어보는 것이다. 침묵을 없애기 위한 질문이 아니라 진짜로 알고 싶고, 듣고 싶어서 던지는 질문이 상대방의 마음과 입을 연다. 이 질문은 상대방에 대한 순수한 관심이 있을 때만 가능하다.

나는 어릴 때부터 말수가 많은 편은 아니었다. 누군가가 나에 대해 특별히 궁금해하지 않는다면, 굳이 내 이야기를 먼저 꺼내는 성향도 아니었다. 오히려 대화를 나눌 때 내 이야기보다 상대방의 말을 듣는 데 더 많은 시간을 할애하곤 했다. 그런 내가 수다쟁이처럼 변할 때가 있다. 바로 누군가가 나에 대해 알고 싶어 하고, 궁금해하며 질문을 건넬 때다. 그때는 '내가 이렇게 말이 많은 사람이었나?' 싶을 정도로 시간 가는 줄 모르고 이야기하게 된다.

'질문'이 곧 '관심'이라는 사실을 미처 인식하지 못하고 지내다가, 어느 날 친한 동생이 내게 유난히 질문을 많이 건넨다는 점이 새삼 특별하게 느껴졌다.

"언니 oo 뉴스 보셨어요? 그 부분에 대해 어떻게 생각해요? 언니 생각이 궁금해요."
"언니는 물건을 많이 안 사던데, 어떤 기준을 갖고 쇼핑해요?"

나의 생각과 마음, 일의 선택이나 기준 등 다양한 면에 관심을 두고 질문해 주며 함께 대화를 나눌 때면, 언제나 대화의 주제가 풍성했다. 어떤 이야기를 나누어도 막힘없이 자연스럽고 즐겁게 이어질 수 있었다. 태어나서 이렇게 많은 질문을 받은 적도 처음이었지만, 이처럼 대화를 자주 많이 나눈 사람도 처음인 듯하다. 이제 와 돌이켜보면 그 질문들이 단순한 호기심뿐만 아니라 지속적인 관심과 사랑이었다는 것을 깨닫게 된다.

친한 동생은 어릴 적부터 늘 인기 있는 편이었고, 지금도 그녀와 대화를 나누길 원하고 즐거워하는 사람이 많다. 사람에 대한 그녀의 순수한 관심과 따뜻한 마음이 질문을 통해 자연스럽게 드러나고, 그 진심이 고스란히 상대에게 전해졌기 때문이 아닐까.

만약 대화를 풍성하고 깊이 있게 이어가고 싶다면, 좋은 질문을 만들려는 것보다 상대방에게 관심을 갖고 '관찰'하는 것부터 시작하면 된다. 그 사람의 표정, 외적인 변화, 마음과 생각의 흐름을 애정으로 살펴보기 시작하면 어느덧 궁금한 점들이 떠오른다.

> '어, 이 사람에게 이런 면이 있었네, 어떻게 이런 성품이 만들어졌을까?'
> '오늘따라 표정이 좀 다르네. 힘든 일이 있나?'
> '나와 비슷하기도 하고 다르기도 하니까, 생각이 어떨지 참 궁금하다.'

관심이 없는 주제라면, 차라리 질문을 삼가는 편이 낫다. 억지로 만들어 낸 질문은 상대방의 이야기를 들을 때도, 답변에 반응할 때도 진심이 담기기 어렵다. 그런 기계적인 태도는 오히려 그 순간의 대화에 대한 기대감과 몰입을 꺾어버릴 수도 있다.

인터뷰어로서 자신이 진짜로 관심이 있는 부분을 사심 없이 물어본다고 느껴지는 연예인이 있다. 바로 작곡가이자 진행자인 주영훈 씨다. 나는 그가 진행하는 CBS 프로그램을 종종 시청하는데, 솔직히 말해 그가 진행을 맡은 이후부터 더 재미있게, 그리고 더 자주 보게 되었다. 물론 기본적인 질문지나 대본이 있겠지만, 그것만으로 대화를 감동적이면서도 흥미롭게 끌어가는 일은 쉽지 않다. 대화에 몰입한 순간마다 드러나는 그의 사심 없는 반응을 보고 있노라면, 화면 너머의 시청자인 나도 그 대화를 함께 즐기고 있다는 느낌이 든다.

예를 들어, "아니, 그렇게 힘든데 왜 또 그곳에 가셨어요?", "함께 따라간 자녀는 엄청 힘들었을 텐데 어땠어요? 저는 부모님 때문에 억울했던 적이 있었거든요."와 같은 질문을 들으면, 마치 준비된 대본이 아니라 그의 마음속에서 진짜로 궁금했던 것이 자연스럽게 튀어나온 듯한 생생함이 느껴진다. 이처럼 순수한 호기심에서 비롯된 질문을 들을 때는 나 또한 표정과 반응이 달라질 수밖에 없다. 그러므로 출연자들도 자신의 이야기를 더욱 편안하게 풀어낼 수 있고, 그런 자연스러운 분위기 속에서 시청자들 역시 감동과 재미를 함께 느끼게 되는 것이 아닐까 생각한다.

특별히 상대방이 무엇을 잘하는지에 관심을 가지면 '좋은 질문'을 쉽게 생각해 낼 수 있다. 사람은 누군가에게 기여하고 싶어 하는 마음을 지니고 있기에, 자신이 잘하고 도움이 될 수 있는 분야에 대해서는 적극적으로 이야기하고 싶어 한다.

평소에 옷을 잘 입는 여성이 있다고 하자. 나 역시 패션에 관심이 많다 보니 그녀의 옷차림이 자연스럽게 눈에 들어오고, 어디서 어떤 방식으로 쇼핑하는지 궁금해진다.

"항상 옷을 멋지게 잘 입으시더라고요. 저도 비법 좀 알고 싶어요. 어떤 기준으로 옷을 고르시는 편인가요?"

옷은 나의 관심사이기도 하고, 상대방의 관심사이기도 하다. 충분한 시간만 주어진다면 서로 신나게 이야기를 할 만한 주제이지 않을까. 또 정리 정돈을 잘하는 사람이 있다면, 관련된 도움을 요청하는 질문을 건네보는 것이다.

> "저는 정리가 참 어렵더라고요. 혹시 물건 정리 잘하는 팁이 있을까요?"

대체로 사람이 잘하는 일은 그가 좋아하는 분야인 경우가 많고, 아무리 말수가 적은 사람이라도 자신이 잘하는 주제에 대해서는 어렵지 않게 입을 연다.

좋은 대화와 좋은 질문은 뗄 수 없는 관계다. 그리고 좋은 질문은 언제나 상대방을 향한 순수한 관심에서 비롯된다. 마음이 담기지 않은 질문과 대화는 껍데기처럼 공허하게 느껴진다. 관심이 빠진 질문은 단지 머리만 쓰게 만들지만, 관심이 깃든 질문은 서로의 마음을 움직이게 한다. 만약 어떤 질문을 해야 할지 막막하다면, 먼저 상대방을 긍정적인 시선으로 바라보며 그 사람의 '좋은 점'을 발견하는 것부터 시작해 보자. 순수한 관심과 인정이 담긴 질문은 당신의 얼굴도, 상대방의 얼굴도 자연스럽게 웃게 만드는 좋은 대화의 비결이 될 것이다.

💬 하루 한 문장, 우아하게 말하기 실천 팁

순수한 관심에서 비롯된 관찰, 발견한 장점을 바탕으로 한 질문

- "네 생각은 어때? 어떻게 하고 싶은지 궁금해."
- "정말요? 그때 마음은 어떠셨어요? 저는 너무 힘들었을 것 같은데."
- "사진을 참 잘 찍으시는 것 같아요. 혹시, 따로 배운 적이 있으세요?"

누군가의 마음을 두드리는 말은, 언제나 '관심'에서 비롯된 질문이다.

표현보다 의도가 중요한 순간이 있다

나는 이미지로 아름다움을 표현하도록 돕는 이미지 컨설턴트이자, 말하기를 통해 자신의 마음과 생각을 오해 없이 전달하도록 가르치는 스피치 강사다. 상대방에게 호감을 주고, 원활하게 의사를 소통하기 위해서는 적절한 표현법을 사용하는 것이 중요하다고 늘 강조해 왔다. 그런데 때로는 '표현'보다 '의도'에 귀 기울여야 하는 순간이 있다. 바로 내가 말하는 사람이 아니라 '듣는' 사람일 때다.

'대통령의 통역사'로 잘 알려진 분이 있다. 바로 현재 한국외국어대학교 통번역대학원에서 겸임교수로 재직 중인 홍설영 박사다. 홍박사는 한국과 미국의 역대 대통령을 비롯해, 정상회담과 최고위급 인사들의 영어 통역을 맡아온 뛰어난 국제회의 통역사다. 얼마 전 그녀가 출연한 한 방송 프로그램을 보게 되었다. '언어 능력이 얼마나 탁월하면 대통령의 입이 될 수 있을까?'라는 존경심으로 시청하기 시작했는데, 의외로 가장 기억에 남은 건 그녀가 직업적 고충을 털어놓던 장면이었다.

> "통역은 100% 남의 말을 전하는 일인데, 저는 그 '타인'이라는 본질을 깊이 깨닫지 못한 채 직업을 단순하게 생각하고 있었습니다. 그러나 타인의 언어이기에 그 내용이 지나치게 어렵고, 이해해야 하는 깊이가 이전의 언어생활과는 차원이 달랐습니다. 심층 의미와 치밀한 논리까지 완벽히 이해해야 하는 상황에 맞닥뜨리며, 비로소 이 직업의 실체를 깨닫게 되었습니다."

특히 통역을 할 때는 말하는 사람의 '의도'를 정확하게 파악해야 함을 강조했다. 어떨 때는 말하는 사람이 모호하게 말하기 때문이다. 말하는 사람 처지에서는 그 상황을 피해 가려는 의도로 말했는데 통역사가 너무 명확하게 해석해 버리면 안 되는 경우도 있다고 한다. 하지만 대개는 모호한 말의 의도를 명료하게 정리해서 전달하는 작업이 90%라고 말했다.

어린 시절부터 언어적 감각이 남달랐던 사람이라 해도, '자신'이 아닌 '타인'의 의도를 명확히 파악하는 일은 절대 쉬운 일이 아니다. 하물며 나라의 중대한 사안을 다루는 자리에서라면, 그 중압감은 얼마나 클까. 통역을 통해 전달된 한마디가 잘못된 의도로 해석될 경우, 국가 간 갈등으로까지 번질 수 있는 일이기 때문이다. 하지만 이런 일은 국제 외교에만 국한되지 않는다. 의도를 제대로 읽지 못해 빚어지는 갈등은 모든 인간관계에서 얼마든지 나타날 수 있다.

마흔을 앞둔 나이에 결혼을 염두에 두고 진지하게 연애를 이어가던 친구 M이 있다. 그녀의 연애 상대는 매우 순수했지만, 마치 다듬어지지 않은 원석처럼 자유로운 인상을 주는 사람이었다. 그녀의 말을 들어보면, 그는 상황에 어울리는 적절한 언어 표현에 다소 서툰 편이었다.

그녀는 어느 날, 남자친구와의 갈등으로 억울함과 분노가 몰려와 눈물을 흘렸다. '이런 식이라면 결혼은커녕 연애를 계속하는 것도 버거울 수 있겠다'는 생각이 들 정도로 심각했다. 두 사람은 직장 생활로 바빠 갈등이 생겨도 주로 전화보다는 메신저로 감정을 주고받곤 했는데, 문제는 바로 그 '글'이었다. 메신저에 적힌 단어와 문장들을 보면, 어떤 마음으로 이런 표현을 쓴 건지 도무지 이해할 수 없었다. 글자 그대로 받아들이자면, '정말 나를 사랑하긴 하는 걸까?'라는 의심이 들 정도였다. 더욱이 그녀는 언어에 대해 유난히 민감한 사람이었다. 단어 하나, 말의 뉘앙스 하나까지 예민하게 받아들이는 성향이기에 그의 서툰 표현은 그녀에게 깊은 상처를 남겼다. 그렇게 속상해하며 마음 아파하는 친구에게 나는 이렇게 말했다.

"내가 볼 때는 남자친구가 표현이 서툰 편이고, 어떤 압박이나 긴장감이 느껴지면 좀 더 과하게 말하는 경향이 있는 것 같아. 단어 하나하나에 너무 집중하기보다는, 그 말 뒤에 담긴 '의도'와 '중심'을 살펴보는 게 중요한 것 같아. 그리고 그 의도를 더 잘 이해할 수 있도록 질문을 던져보는 건 어때?"

내 조언에 힘을 얻은 친구는 남자친구가 가진 표현의 한계를 조금씩 넘어설 수 있도록 노력했다. 그렇게 오해를 바로잡을 기회가 생겼고, 몇 차례 반복된 '표현의 충돌'을 잘 풀어가며 서로에 대한 이해도 깊어졌다. 무엇보다도 두 사람은 갈등을 겪는 과정에서 상대를 더 섬세하게 들여다보는 법을 배웠고, 서로를 배려하는 말이란 어떤 것인지 함께 익혀 나갔다. 지금은 결혼해 다툼이 많던 연애 시절보다 훨씬 더 편안하고 안정적인 관계를 이어가고 있다.

말의 표현만을 보고 빠르게 '나' 중심으로 해석해 상처를 받게 되면, 그 순간부터는 상대를 이해할 여지가 좀처럼 생기지 않는다. 물론 가장 좋은 것은 오해가 생기지 않도록 서로 배려하는 표현을 쓰는 것이겠지만 세상에는 말에 서툰 사람도, 감정을 잘 표현하지 못하는 사람도 분명히 존재한다. 상처를 받았다고 해서, 언어 표현이 부족한 사람이라 나를 힘들게 한다고 해서 관계를 단절하는 것만이 답은 아니다. 그 말 뒤에는 어떤 마음이 있었을까, 어떤 배경이나 맥

락, 의도가 있었을까를 헤아려 보려는 마음이 필요하다. 우리는 누구나 실수할 수 있고, 오해를 바로잡을 수 있는 기회가 필요한 '불완전한' 사람들이다.

의도와 표현이 어긋나는 경우는 대개 소통에 미숙한 사람에게서 흔히 나타나며, 그런 점에서 가장 취약한 존재는 단연 어린아이다. 아이가 부모에게 자신의 의견을 피력하는 과정에서 가장 자주 하는 말이 "엄마, 나빠!", "아빠 싫어!"이다. 하고 싶은 일을 하지 못해서 속상한 마음을 이렇듯 짧고 단순한 문장으로 표현하는 것이다. 아마 대부분의 부모는 이 말을 곧이곧대로 받아들이기보다, '우리 아이가 지금 많이 속상하구나.' 하고 이해하며 넘어갈 것이다. 다만 간혹 자녀의 거침없는 말에 상처를 받아 "엄마가 지금까지 너한테 어떻게 했는데, 내가 싫다고? 나쁘다고?"라며 감정적으로 반응하는 경우도 있다.

8살 난 딸을 크게 혼낸 며칠 뒤, 나는 잊을 수 없는 말을 들었다.

"엄마, 엄마를 사랑하는 마음이 안 생겨요. 엄마가 예전이랑 달라 보여요. 조금 어색해요."

충격적이고도 가슴 아픈 말이었다. 그 순간, 나도 모르게 내게 시선이 집중되었다. '어쩌지? 나를 사랑하지 않는다고? 정말 심각한 마음이 아닐까?' 하는 불안과 낙담이 밀려왔다.

하지만 곧 시선을 '내 마음'에서 '아이의 마음'으로 옮겼다. '얼마 전 크게 혼났던 일이 마음에 상처로 남았나 보다. 그 아픈 마음을 딸은 어색함이라는 단어와 사랑하지 않는 마음이라는 표현으로 드러낸 거구나.' 나는 그 말을 문자 그대로 받아들이기보다 그 너머의 감정과 의도를 헤아려 보았다. 그날 이후, 아이에게 네가 얼마나 소중한 존재인지 자주 말해 주고, 변함없는 사랑으로 일관되게 대하려 애썼다. 얼마 지나지 않아 딸의 마음은 스르르 풀렸고, 다시 밝고 환한 모습을 되찾았다. '엄마, 어색해요'라는 말엔 사실 '엄마의 사랑을 다시 느끼고 싶어요'라는 간절한 마음이 숨어 있었던 것이다.

J는 그동안 쌓아온 경력과 전문 분야, 그리고 앞으로의 방향성을 담아 첫 책을 쓰기로 마음먹었다. 이제 막 시작 단계였던 그는 친구 S에게 책을 쓰기로 결심했다고 전했다. 응원과 격려를 기대했지만 돌아온 대답은 예상과 달랐다.

"책을 쓰기로 했다고? 어우 야, 나였으면 절대 못 써."

'나였으면'이라는 표현이 마음에 걸렸다. '내가 너라면 자격이 안 돼서 못 쓸 거라는 말인가? 책을 쓰기에는 부족하다는 뜻인가?' 잠시 그 말의 의도를 부정적으로 해석하려는 마음이 스쳤다. 하지만 곧 친구 S의 성향을 떠올리며 생각을 고쳐잡았다. S라면 아마 스스로에 대한 기준이 높아 쉽게 시도하지 못했을 거라는 고백이었을 것이다.

같은 표현이라도 그 안에는 전혀 다른 마음과 의도가 담겨 있을 수 있다. 그래서 누군가의 말을 들을 때마다 그 진짜 의미를 단번에 파악하기란 쉽지 않다. 하지만 잠시만 여유를 갖고, 왜곡 없이 받아들이려는 노력을 기울인다면, 불필요한 오해와 갈등은 훨씬 줄어들 수 있을 것이다.

누군가의 '사랑한다'는 말에는 목숨을 내어주어도 아깝지 않을 만큼의 깊은 마음이 담겨 있을 수 있고, 또 다른 누군가의 '사랑한다'는 말에는 자기 자신보다 중요하지 않은, 그저 가벼운 감정일 수도 있다. 같은 단어라 해도 그것을 말하는 사람에 따라 사랑의 크기와 깊이, 너비는 얼마든지 달라질 수 있다는 뜻이다.

우리가 할 수 있는 것은 진심이 깨끗하게 전달되도록 하고, 동시에 상대의 마음을 왜곡 없이 받아들일 수 있는 꾸준한 마음 씀씀이일 것이다. 말의 표현 속에 담긴 의미와 의도를 상대방의 성향과 배경, 나를 향한 마음을 고려해 파악해 본다면 쉽게 단정 짓지 않는 너그러운 마음이 생기지 않을까. 그렇게 서로의 마음을 표현 너머로 헤아리는 연습이 쌓일 때, 우리는 함께 성장하는 날들을 맞이하게 될 것이다.

> **하루 한 문장, 우아하게 말하기 실천 팁**

나 중심적인 해석은 금물, 표현 이면에 있는 의도를 알아차리기

- '혹시 내가 단어의 표현 때문에 오해한 건 아닐까?'
  (왜곡 바로잡기)
- '생각해 보니 그 친구 상황 때문에 그렇게 표현했구나.'
  (배경 파악)
- '가만히 따져보면, 사실 그렇게까지 상처받을 일은 아니었네.'
  (헤아림)
- "그래서 네 말은, 이러이러한 점이 속상하다는 거지?"
  (의도 파악을 돕는 질문)

감정에 휘둘리기보다, 의미를 바로 읽는 연습이 관계를 우아하게 만든다.

침묵이 깊이 있는 대화로
나아가게 한다

　스피치 원데이 클래스 강의가 끝나고 한 수강생이 머뭇거리며 다가왔다. 강의가 끝나면 간혹 수강생들이 따로 찾아와 질문을 하곤 하기에 궁금한 점이 있나 보다 생각했다. 그런데 그녀의 눈가에 눈물이 맺혀 있었고, 뜻밖에도 "더 이야기 나눌 수 있을까요?"라는 조심스러운 요청을 받았다.

　근처 커피숍에 마주 앉아 이런저런 이야기를 나누었다. 정확히 말하면 이야기를 나눈 것보다는 내가 조용히 듣는 쪽에 가까웠다. 그녀는 얼마 전 갑상샘암 진단을 받은 뒤 치료를 이어가고 있었고, 그 과정에서 가장 친한 친구에게 큰 상처를 받았다고 털어놓았다. 용기를 내어 자신의 병에 대해 말했지만, 말이 채 끝나기도 전에 친구는 이렇게 말했다고 한다.

"갑상샘암은 요즘 별거 아니야. 걸리는 사람도 많고, 고치기도 쉽대." 친구는 아마 호들갑 떨지 않고 담담하게 위로하고 싶었던 걸 테지만, 그녀는 정작 자신의 깊은 마음을 꺼낼 틈도 없이 그 무거운 일이 너무 가볍게 다뤄지는 느낌을 받았다. 이후로는 그 친구와 마음을 나누는 일이 어려워졌다는 것이다.

그녀는 스피치 클래스 4회차 과정을 마무리하는 회식 자리에서 함께 수업을 들었던 사람들 앞에 이렇게 말했다.

"제 이야기를 그동안 아무도 들어주지 않았어요. 그런데 선생님은 정말로 들어주셨어요. 너무나 감사합니다."

나는 사실 무언가를 말하기보다는 그저 충분히 들어야겠다는 마음으로 그 자리에 앉아 있었을 뿐이었다. 섣불리 말을 건넬 수 없었다. 내가 직접 그 일을 겪어보지 않았기에 온전히 공감하거나 위로하기엔 분명 부족함이 느껴졌기 때문이다. 그런데 돌이켜보면 내가 침묵으로 머물렀던 그 시간이 오히려 그녀가 친구에게조차 꺼내지 못했던 속 깊은 마음을 털어놓게 한 계기가 되었던 것 같다.

누군가를 만났을 때, 침묵이 흐르는 그 순간이 어색해서 어떤 말이라도 꺼내 보려 애써 본 경험은 누구에게나 있을 것이다. 물론 상황에 따라 내가 먼저 스몰토크를 시작하고, 적절한 주제를 던지는 것은 좋은 시도다. 하지만 대화 중 잠깐의 침묵조차 견디기 어려워 서둘러 꺼낸 말이나 미리 준비해 둔 대답이 오히려 깊이 있는 대화를 막는 장애물이 될 수 있다.

경청을 위해 자신의 말을 멈추는 '의미 있는 침묵', 그리고 적절한 타이밍의 침묵은 때로 수많은 말보다 낫다. 오히려 말이 쉴 새 없이 오가는 동안, 대화는 피상적으로 흐르고 서로의 에너지만 소진될 때도 많다. 단 한 순간의 공백도 없이 빽빽하게 이어진 대화였지만, 막상 돌아설 땐 공허함만 남았던 경험, 우리 모두 한 번쯤은 해 보지 않았을까.

오히려 말주변이 없어서, 또는 할 말이 많지 않아서 대화가 부담스러운 사람들에게 침묵을 두려워하지 말고 긍정적으로 활용하라고 권하고 싶다. 말을 잘하는 사람이 아니라 잘 듣는 사람이 더 의미 있고 질적인 대화를 이끌어갈 가능성이 크다. 잘 듣는 사람은 상대방으로 하여금 존중받는 느낌이 들도록 한다.

또한 침묵을 지나 건네는 한마디는 그 자체로 무게와 신중함이 담겨 있어 더 묵직한 울림을 전한다. 만약 대화의 시작에서 할 말이 떠오르지 않는다면, 굳이 서둘러 말을 꺼내기보다는 상대의 말을 한 번 되짚어 보며 그대로 돌려주는 것도 좋은 방법이다. 이를 '백트레킹'Backtracking이라고 한다. 스피치 기법 중 하나인 백트레킹은 예를 들어, 누군가가 "나 오늘 출근하면서 너무 빨리 걸었더니 다리가 아파."라고 말했을 때, "아, 오늘 빨리 걸어서 왔구나. 다리 진짜 아프겠다."라고 응답하는 방식이다. 상대의 말에서 핵심 단어나 문장을 다시 조합해 돌려줌으로써, '당신의 이야기에 온전히 귀 기울이고 있어요'라는 메시지를 자연스럽게 전달하는 것이다.

 내가 반드시 말을 해야 한다는 부담감을 내려놓고, 그저 상대의 말에 집중하는 것. 한 번 들은 말을 내 입을 통해 다시 들려주는 그 순간, 상대는 더 깊은 공감과 이해를 경험하게 된다. 그렇게 마음이 열리면, 나 역시 더 진심 어린 생각과 감정을 자연스럽게 표현할 수 있게 된다. 그리고 그 마음은 결국 상대방의 마음을 움직이고, 새로운 대화의 문을 여는 마중물이 되어 준다.

 실제 강의 현장에서는 백트래킹 실습을 진행한다. 수강생들이 서로 마주 보고 앉아 상대방의 이야기를 번갈아 듣고 그대로 되짚어 말해 보는 방식이다. 처음에는 이 방법이 어색하게 느껴져 말 그대로 로봇처럼 복사하듯 따라 말하는 경우도 많다. 하지만 반복적인 훈련을 통해 점차 자연스럽고 유연하게 응대할 수 있게 된다. 무엇보다 자신의 이야기를 상대의 입을 통해 다시 들었을 때, '나에게 온전히 집중해 주었구나.'라는 따뜻한 느낌을 받아 마음이 좋았다는 피드백을 자주 듣는다.

 원래 나는 말하기보다는 '듣기'에 강점이 있는 사람이었다. '과거형'으로 말하는 이유는 오랜 시간 강의를 해 오며 말하기 능력이 이전보다 훨씬 강화되었기 때문이다. 그러다 보니 요즘에는 어느 자리에 있든, 듣기보다는 말하기를 더 많이 하고 있는 건 아닌지 자신을 돌아보게 된다. 그럼에도 친정과 시댁 모두에서 인정해 주는 나의 강점 하나를 꼽자면 단연 경청이다.

친정어머니는 학창 시절 내내 친구든 누구든 이야기를 열심히 들어주던 내 모습을 볼 때면, '오지랖이 참 넓다'고 웃으며 말씀하시곤 했다. 요즘에는 아버지 역시 쉽게 꺼내기 어려운 마음 깊은 이야기들을 딸인 나에게 털어놓으신다. 그 이야기를 들을 기회를 주시는 것, 그 자체가 오히려 나에겐 감사한 일이다.

결혼을 한 후에는 나의 '듣기 능력'을 고스란히 시댁에서 발휘하고 있다. 시어머니는 오히려 친정어머니보다 자주 전화를 주신다. 이런저런 이야기를 할 수 있는 몇 없는 대화 상대가 며느리이기 때문이다. 또 명절에 시댁에 내려가면 식사 후 나는 설거지를 하거나 살림을 거들 틈이 없다. 자연스럽게 시아버지 맞은편에 앉아 아버님의 다양한 이야기를 한참 동안 듣고 있기 때문이다. 말씀하시기 좋아하는 아버님이 마음껏 이야기하시도록 잘 듣는 것이 내가 드릴 수 있는 사랑이다.

말없이 듣는 것은 아무 해결책도 내놓지 않는 단지 수동적이고 무기력한 행동처럼 여겨질 수 있다. 그러나 절대 그렇지 않다. 나의 시간을 상대에게 절대적으로 내어주는 엄청나게 적극적인 행동이다. '침묵'은 대화에서 '금'처럼 보석 같은 답변을 내놓게도 하고, 서로의 관계를 '금'처럼 가치 있게 만들기도 한다.

그런데 침묵을 유난히 어렵게 만드는 존재가 있다. 바로 자녀다. 어렸을 때 내가 어머니에게 가장 바랐던 것은 온전한 집중으로 기꺼이 들어주는 것이었다. 내가 말할 때마다 어머니는 항상 바쁘셨다. 내 아래로 연년생 쌍둥이 남동생이 둘이나 있었고, 어머니는 모든 살림을 깔끔하고도 완벽하게 해내시는 부지런한 분이셨다. 내가 말할 때면 늘 살림을 하고 계셨다. 나의 말이 끝난 후에는 해결책에 가까운 빠른 답변이 돌아오곤 했다. 더 길게 말하기에는 어머니가 해야 할 일이 많아 보였다. 헤아릴 수 없이 많은 것을 주신 분이지만, 적어도 대화에 있어서 어머니와 충분한 시간을 갖지는 못했다고 생각했다.

그런데 내가 최근 자녀들에게 이와 같은 모습으로 대하고 있음을 알았다. 사실 아이들의 소소한 이야기는 대부분 시기적으로 급하거나 중대한 사안은 아니다. 물론 어른의 시각에서 말이다. 그런데도 그 시기 아이들에게는 그 모든 것이 중요하고 소중한 생각이자 마음일 수 있다. 작은 새처럼 다가와 조잘조잘 건네는 말들을 짧게 잘라내고, 나의 할 일에만 몰두했던 순간들을 떠올리면 미안함이 밀려온다. 이야기하려 다가온 아이들을 향해 하던 일을 멈추고 마주 앉아 눈을 맞추며 들어줬어야 하지 않았을까. 아이들의 말을 빨리 해치워야 할 일처럼 소홀히 대하고 넘어갔던 것은 아닌지 후회가 된다. 지금 이 시기에 눈을 맞추며 나눈 대화가 앞으로 다가올 날들에 더 깊은 대화로 이어질 거라는 생각을 하며 마음을 다잡는다.

'침묵'하는 일이 거의 없이 끊임없는 대화를 하고 있다면 이제는 급하게 올라오는 생각과 마음을 잠시 멈추는 시간을 가져보자. 입 밖으로 바로 튀어나올 것 같은 말을 잠시 꾹 참고 저 깊은 마음에서 길어 올린 말을 묵직하게 내어놓는 경험을 해 보자.

말수가 적은 사람이 침묵 끝에 신중히 내놓은 한마디는 어느 순간 상대의 마음을 움직인다. 그 한마디 이후, 대화는 자연스럽게 흘러가기 시작한다. 굳이 애써 깊이를 만들어 내려 하지 않아도 말이다. 적절한 순간의 침묵은 때로 화려한 말하기 기술보다 더 많은 것을 해낸다. 그것은 말이 아닌 '존재로 하는 대화'이며, 관계에 더 깊은 울림을 남긴다.

하루 한 문장, 우아하게 말하기 실전 팁

깊이 있고 질적인 대화를 위한 침묵과 백트래킹

· 상대의 말을 끊지 않고, 끝까지 온전히 집중해 듣기
· 침묵이 어색해 급히 반응하기보다, 충분한 공감에서 비롯된 반응하기
· 상대의 말을 되짚어 표현함으로써, 잘 듣고 있음을 진심으로 전하기

예시)
· 친구: "나 어젯밤에 열이 40도까지 올라서 정말 아팠어."
· 나: "정말? 어젯밤에 열이 40도까지 올랐구나. 얼마나 힘들었을까."

귀 기울여 듣고, 마음을 다해 되짚는 말 한마디가 대화의 깊이를 만들어 준다.

태도, 몸짓, 메시지가 일치된 말하기

말을 잘하는 사람은 과연 어떤 사람일까? 청산유수처럼 막힘없이 매끄럽게 말하는 것만으로 충분할까? 목소리가 아나운서나 성우처럼 맑고 울림이 있다면, 그 자체로 호감을 주는 말하기라 할 수 있을까? 말하기를 배우고 또 가르치며 내가 내린 결론은 이렇다.

'말을 잘한다'는 것은 단순한 기술이 아니라 복합적이고 종합적인 하나의 예술작품에 가깝다. 좋은 말하기는 단일 요소로 이루어지지 않는다. 여러 가지 다양한 요소가 어우러져 만들어지기 때문이다. 더 나아가 말은 그 사람의 전인적인 면모를 자연스럽게 담아낸다. 단순히 정보를 전달하는 것을 넘어, 말하는 사람의 태도와 성품까지 고스란히 상대에게 전해지기 때문이다.

처음 이미지 컨설턴트 양성과정에 참여해 교육을 받았을 때 가장 먼저 배운 이론이 바로 '메라비언의 법칙'이었다. 이 이론은 미국 캘리포니아대학교 심리학과 명예교수이자 심리학자인 앨버트 메라비언Albert Mehrabian이 발표한 것으로 상대방에 대한 인상이나 호감을 형성하는 데 있어 각각의 요소가 미치는 영향을 수치화해 보여 준다.

목소리(음색, 억양 등 청각적 요소)가 38%, 보디랭귀지(표정, 자세, 움직임 등 시각적 요소)가 55%, 그리고 말의 내용, 즉 실제 전달되는 정보는 고작 7%의 영향을 미친다고 한다. 이 이론은 효과적인 소통에서 말의 내용보다 비언어적 요소, 즉 시각과 청각을 통한 전달이 훨씬 더 큰 영향을 준다는 것을 강조한다. 말의 내용이 7%에 불과하다는 점도 의외지만, 보디랭귀지가 55%에 이른다는 사실은 그 영향력의 크기에 더욱 놀랍다.

여기서 말하는 보디랭귀지는 단순히 손짓이나 제스처만을 의미하지 않는다. 패션, 자세, 태도, 몸짓, 표정 등 시각적으로 드러나는 모든 요소가 포함된다. 즉, '보이는 모든 것'이 곧 메시지가 될 수 있다는 것이다.

강의 중에 "하루 중 나의 모습을 들여다보는 시간은 얼마나 될까요?"라고 질문을 던지면, 여성 수강생들의 경우 화장을 하거나 옷차림을 살피고, 중간에 화장을 고치는 시간을 포함해 대략 1시간 내외라고 답하는 경우가 많다. 반면, 남성 수강생들은 10분 이내라고 답하는 경우가 대부분이다. 남녀의 차이를 떠나서 대부분의 사람은 나의 모습을 내가 바라보는 시간보다, 타인이 나를 바라보는 시간이 절대적으로 많으리라 본다. 그리고 그 시간 동안 내가 무의식적으로 짓는 표정이나 취하는 자세, 말투와 눈빛 같은 비언어적 표현을 통해 상대방은 '나'라는 사람의 이미지를 형성하게 된다.

'투명성 착각'이라는 심리학적 개념이 있다. 이는 자신의 감정이나 생각을 굳이 설명하지 않아도, 마치 투명한 유리창 너머로 보이는 것처럼 상대방이 잘 이해해 줄 것이라 믿는 착각을 말한다. 예를 들어, 우리가 차가운 표정과 무심한 눈빛을 하고 있어도 '사실은 따뜻한 마음을 가지고 있다'는 것을 상대가 알아줄 것이라 기대하는 심리가 바로 그것이다. 하지만 안타깝게도 사람에게는 타인의 중심을 꿰뚫어 보는 능력이 없다. 우리는 결국 보이는 것과 들리는 것, 즉 겉으로 드러나는 표현에 크게 영향을 받는다.

"처음 만난 사람들에게 나는 어떤 모습으로 비춰질까요?"

이미지 관련 교육을 할 때 내가 자주 던지는 질문이다. 자신이 사회적으로 어떤 이미지를 가지고 있는지 확인하고 싶을 때는 가까운 사람이 아닌 나를 잘 모르는 사람에게 물어봐야 한다고 강조한다. 왜냐하면 가까운 사람은 이미 내가 어떤 마음과 생각을 지니고 있는지 알기에 객관적인 이미지를 평가하는 것이 어렵기 때문이다. 반면, 낯선 사람들과의 관계에서는 '투명성 착각'이 쉽게 발생한다. 나는 내 마음을 말하지 않아도 상대가 알아줄 것이라 믿지만, 상대는 내가 직접 표현한 말, 그리고 태도, 몸짓, 표정 같은 비언어적 요소를 통해 나를 파악한다. 나의 사회적 이미지는 그들이 바라보는 시선에서 평가되어야 비교적 정확하다.

투명성 착각을 바라보는 우리의 관점은 두 가지로 분류할 필요가 있다. 일단은 나 자신이 상대방에게 착각을 불러올 수 있는 존재라는 것을 인식하는 것이다. 나에 대한 잘못된 오해가 생기지 않도록 자기 스스로 태도와 몸짓을 긍정적으로 바꿔볼 수 있다.

다른 하나는 내가 상대방의 겉모습만 보고 평가하지 않도록 조심성을 갖고 상대방에 대한 편견을 버리는 것이다. 우리나라 이미지 컨설턴트의 대가이자 표정 연구가 1호인 정연아 대표는 "나는 외모로 남을 판단하지 않고, 남은 나의 외모로 나를 판단한다."라는 말을 언제나 강조한다. 물론 우리는 타인의 시선을 지나치게 의식하거나, 그들을 만족시키기 위해 살아갈 수는 없다. 그러나 오해 없는 소통과 좋은 관계를 위해서 비언어적인 부분을 긍정적인 방향으로 다듬어가는 것은 매우 중요하다. 이상적인 것은 아름다운 내면이 자연스럽게 겉으로 표현되어 말과 태도, 표정, 존재감으로 이어지는 사람일 것이다. 그런 사람이라면 굳이 설명하지 않아도, 이미 많은 것을 전하고 있을 테니까 말이다.

10년 넘게 강의하며 수많은 사람을 만나왔지만, 그중에서도 유독 기억에 남는 분들이 있다.

그중 한 분이 바로 13만 서울시 전통시장 상인의 롤 모델로 선정된 '서울 상인 1호' K 씨다. 처음 만나 이야기를 나눠보니 그에게는 놀라운 강점이 많았다. 상품 분야에서 차별화된 노하우를 갖추고 있었고, 무엇보다 다른 상인들에게 변화의 동기와 의지를 불어넣을 수 있는 영향력을 지닌 인물이었다. 투철한 상인 정신과 진심 어린 태도로 많은 이의 공감을 끌어내는 소통 능력 또한 인상 깊었다.

'서울 상인 1호'로 선정된 이후, 그는 강연과 멘토링 등 다양한 활동을 통해 자신만의 성공 노하우를 나누는 서울 상인 홍보대사로 활동하게 되었다. 그리고 나는 그 역할을 더욱 잘 해낼 수 있도록 스피치와 이미지 트레이닝을 지원했다. 그중에서도 20분 남짓한 특별 강연을 성공적으로 마무리하는 것이 가장 중요한 과제였다.

훈련을 시작하기에 앞서 관계자들이 우려한 점이 하나 있었다. 바로 K 씨의 무뚝뚝한 표정이었다. 실제로 그는 따뜻한 마음과 뛰어난 말솜씨를 지닌 분이었지만, 공개적인 자리에서 자연스럽게 호감을 줄 수 있는 표정을 갖추고 있지는 않았다. 그의 삶의 궤적과 상인으로서의 이야기는 누구에게나 귀감이 될 만큼 감동적이었지만, 그 이야기를 전달하는 '메신저로서의 모습'에는 변화가 필요했다. 사람들은 누군가의 이야기를 들을 때, 그 내용뿐만 아니라 말을 전하는 사람의 표정과 태도에서도 영향을 받는다. 때로는 언어적 메시지보다 비언어적 표현이 더 큰 힘을 발휘하기도 한다. 그래서 나는 K 씨와 좋은 표정에 대한 중요성을 인지하고 웃는 표정을 함께 연습했다. 바쁘게 일을 하면서도 틈틈이 표정 훈련하는 모습을 사진으로 찍어 보내주는 그의 성실한 모습에 마음속으로 '역시나!'를 외치며 감동했던 기억이 난다.

K 씨의 특별 강연은 어땠을까. 자연스럽고 당당한 제스처와 움직임, 여유 있고 부드러운 표정으로 관객들을 사로잡았다. 전달하고자 했던 내용은 몸짓과 함께 더 매력적으로 다가왔다. 그는 성공적인 강연 무대가 인생의 터닝포인트가 되었다며 깊은 감사를 전했다. 훌륭한 메시지일지라도 부정적인 비언어 표현 때문에 온전히 전달되지 못하는 경우가 많지만, 이번 강연만큼은 말과 태도가 완벽하게 조화를 이루며 아쉬움 없이 전달된 순간이었다. 그 사실이 얼마나 기쁘고 뿌듯했는지 모른다.

여름 휴가철이면 남편 회사에서 지원해 주는 리조트나 호텔에서 숙박할 기회가 종종 있다. 몇 년 전, 강원도에 새로 문을 연 5성급 호텔 숙박권을 회사에서 제공받아 행복한 마음으로 다녀온 적이 있다. 소문으로만 듣던 호텔에 직접 가보니 시설은 크고 깨끗했으며, 전반적인 인테리어도 훌륭했다. 그런데 한 젊은 여성 호텔리어와 대화를 나누는 순간, 호텔에 대한 긍정적인 인상이 반감되었다. 격식 있는 자세와 세련된 문장, 적절한 단어를 사용하고 있었지만, 눈빛과 표정에서 감정이 전혀 느껴지지 않아 다소 기계적인 느낌이 들었다.

아름다운 외모, 단정한 복장, 세련된 목소리와 말투만으로는 이 고급 호텔이 지향하는 품격을 충분히 느낄 수 없었다.

반면, 지금까지의 가족여행 중 가장 인상 깊게 남아 있는 호텔리어가 있다. 제주도의 한 호텔에서 우리 가족을 따뜻하게 맞아 주었던 중년의 남성 호텔리어였다. 당시 우리 아이들이 아직 어려 조금 시끄럽고 어수선한 분위기를 만들었음에도, 그는 여유로운 미소와 따뜻한 시선으로 우리를 응대해 주었다.

사실 그분의 목소리가 얼마나 듣기 좋았는지는 정확히 기억나지 않는다. 하지만 진심이 담긴 눈빛과 표정, 정중한 몸짓은 단연 인상적이었다. 그는 말이 아닌 태도로 고품격 서비스를 온몸으로 보여 주었다. 그의 응대 덕분에 그 호텔에 대한 인상은 다른 어떤 곳과도 비교할 수 없을 만큼 좋아졌고, '다음에도 꼭 다시 오고 싶다'는 마음이 자연스럽게 들었다. 강원도 호텔에서 받았던 응대보다 더 특별한 말을 한 것도 아니었지만, 같은 말이라도 태도와 몸짓이 바뀌면 전해지는 느낌이 이렇게 다를 수 있다는 것을 그를 통해 깊이 깨달았다.

말하기를 잘하고 싶다면, '말만 잘하면 된다'는 생각부터 버려야 한다. 대화를 주고받을 때는 '잘한다'는 인상을 주는 것보다 '좋다'는 느낌을 전하는 것이 더 중요하다. 상대가 더 듣고 싶고, 더 알고 싶은 사람이 되도록 만드는 말하기가 진정으로 '좋은 말하기'다.

말하기는 단지 내용만으로 이루어지지 않는다. 말의 내용과 함께 나의 태도, 몸짓, 표정이 조화를 이루며 하나의 메시지를 구성한다. 이 모든 요소가 긍정적인 방향으로 일치될 때, 비로소 말은 상대에게 따뜻하게 전달된다.

이제는 따뜻함, 호감, 친밀감의 신호를 보낼 수 있는 말하기를 시작해 보면 어떨까. 말을 잘하는 사람이기보다, 곁에 있고 싶은 사람이 되어 가는 연습을 지금부터 시작해 보자.

> **❝ 하루 한 문장, 우아하게 말하기 실천 팁**
>
> 표정은 부드럽고 따뜻하게, 몸짓은 정중하고 자신감 있게!
>
> - "안녕하세요? 반갑습니다."
>   (눈과 입이 웃는 표정)
> - "이쪽에 앉으시겠어요?"
>   (손가락을 단정히 모으고, 의자 쪽으로 팔을 명확히 뻗으면서)
> - "좋은 기회를 주셔서 정말 감사합니다."
>   (한 손을 심장 근처에 살짝 갖다 대며)
>
> **말의 품격은 '말투'보다 '태도'에서 먼저 전해진다.**

완벽함이 아닌 '연약함'이 우리를 연결한다

    몇 년이 지난 지금도, 남편이 두고두고 꺼내며 놀리는 에피소드가 하나 있다. 그날 나는 차 조수석 바닥에 떨어진 물건을 정리하고 있었다. 물건을 줍기 위해 상체는 차 안으로 들어가 있었고, 두 다리는 차 밖에 나와 있는 상태였다. 그 순간, 남편이 다급한 목소리로 말했다. "여보, 잠깐! 차 문 좀 닫아줘!" 그 말에 나는 어떻게 했을까? 내 몸의 절반이 밖에 있는 줄도 모르고, 머리만 안에 넣은 채로 그대로 문을 닫으려 했다.

    이후에도 비슷한 일은 몇 번 더 있었다. 부엌 찬장에서 커피잔을 꺼낸 뒤, 머리를 빼지 않은 채 찬장 문을 닫으려 했다. 이 이야기는 어느덧 우리 부부의 유쾌한 레퍼토리가 되었고, 열 번도 넘게 반복해서 이야기했지만, 그때마다 늘 처음 듣는 듯 한바탕 웃게 된다.

나는 한곳에 집중하면 주변 상황을 놓치기 쉬운 편이다. 시야가 좁아지다 보니, 주변을 충분히 살피지 못해 종종 부딪히거나 넘어지곤 한다. 실수가 많은 내 삶의 모습을 남편은 마치 시트콤을 보는 것 같다고 말한다.

이와 달리 나를 짧게 만난 사람들은 직업이나 외적 이미지 때문인지 세련되고 빈틈없는 사람으로 여기는 경우가 많다. 그러나 시간이 조금만 지나면, 금세 드러나는 2%의 허술함이 나의 진짜 모습을 보여 준다. 돌이켜보면 누군가와 가까워지기 시작한 시점은 대개 그런 허술한 면모가 하나씩 드러날 때였다. 완벽하지 않은 나의 모습이 오히려 상대와의 벽을 허물고, 자연스럽게 친밀감을 만들어 준 셈이다.

우리나라에서는 잘 사용하지 않는 vulnerable(연약한, 취약한)이라는 단어를 20대 초반부터 마음속에 품고 간직해 왔다. 20여 년 전, 호주에서 영어 원서를 읽다가 처음 이 단어를 접했는데, 그때부터 왠지 모르게 깊은 애정을 느끼기 시작했다. 책의 전체 내용은 흐릿해졌지만, 'vulnerable'이라는 단어만은 또렷하게 남았다. 그것은 단순히 '약한 존재'를 뜻하기보다는 스스로를 온전히 드러낼 수 있을 만큼 유연하고 용기 있으며, 진실한 태도를 떠올리게 했기 때문이다.

영어사전에서 vulnerable을 찾아보면 '상처받기 쉬운, 공격받기 쉬운, 약점이 노출된'이라는 뜻이 나온다. 자주 쓰이는 단어는 아닐

뿐더러, 긍정적인 의미로 사용되는 경우도 거의 찾아보기 어렵다. 번역은 가능하지만 우리말로 정확히 대응되는 표현을 찾기는 쉽지 않기 때문이다. Vulnerable은 단순히 '약하다 weak'는 뜻으로 이해해서는 안 된다. 예를 들어 전쟁 중 성벽이 외부 공격에 노출되어 있다고 해서 그 성벽 자체가 약하거나, 그 위치에 있는 병사가 무력하다고 볼 수는 없다. 이 단어는 '공격이나 외부 자극에 쉽게 영향을 받을 수 있는 상태'로 이해하는 것이 더 정확하다.

실제로 해외에서 vulnerable이라는 단어가 사용되는 예문들을 살펴보면, '감수성이 짙은'이라는 정서적인 의미로 쓰이는 경우가 많다. 2019년 《포브스 Forbes》에는 "Want to project strength? Show your vulnerability."(강인함을 드러내고 싶다면, 당신의 연약함을 보여라)라는 제목의 기사가 실린 바 있다. 이는 사전적 의미와는 달리, 미국에서는 이 단어가 '자신의 연약함을 인정할 수 있는 용기 있는 태도'를 뜻하는 '긍정적인 의미'로 자주 활용된다는 점을 보여 준다.

나의 연약함을 인정하고 드러낸다는 사실을 떠올릴 때, 여전히 쉽게 상처받는 나약한 존재, 수치스러운 감정이 느껴진다면, 한 번쯤 읽어보기를 권하고 싶은 책이 있다. 바로 『좀머 씨 이야기』와 『얼굴 빨개지는 아이』의 삽화로 국내에 잘 알려진 장 자끄 상뻬 Jean-Jacques Sempé의 그림책 『자전거를 못 타는 아이』다.

주인공 라울 따뷔랭은 자전거에 관한 최고의 전문가이지만, 정작 자신은 자전거를 타지 못한다. 어린 시절 친구들이 자전거 위에서 재주를 부리는 것을 보면서도 그는 끝내 자전거 위에서 균형을 잡는 데 실패했다. 실패 원인을 파악하고자 자전거의 구조와 부품을 철저히 연구한 끝에 자전거 박사로 불릴 만큼 해박한 지식을 갖추게 되었고, 결국 자전거 가게까지 운영하게 된다. 그러나 그는 여전히 자전거를 탈 줄 모른다.

어느 날, 따뷔랭의 자전거를 타는 모습을 사진으로 찍고 싶다는 사진사 피그뉴를 만나게 되면서 자전거를 못 타는 비밀이 드러날 위기에 처한다. 결점이 드러날까 노심초사하던 그에게 사진사는 한 가지 고백을 하게 된다. 자신의 대표작들은 실수로 우연히 찍혔으며 사실 사람들이 생각하는 만큼 결정적인 순간을 포착하는 능력이 없다는 것이다.

시간이 흐른 후 둘이 재회했을 때 따뷔랭은 자신의 비밀을 쑥스러운 듯이 털어놓으려 하고, 사진사는 마치 이미 알고 있었다는 듯 함께 웃는다. 이야기는 그렇게 따뜻하게 끝을 맺는다.

사진사가 자신의 연약함을 솔직히 인정하고 털어놓은 뒤, 홀로 시간을 보내며 해방감과 자유로움을 느꼈을지도 모른다고 상상해 본다. 그 경험 덕분에 따뷔랭의 결점을 마주하고도 함께 웃을 수 있는 여유, 타인을 수용할 수 있는 마음의 공간이 생겼을 것이다. 서로의 연약함이 드러난 그 자리에는 수치심이 아닌 따뜻한 결속감이 피어났다. 불필요한 긴장감은 자연스럽게 사라지고, 오히려 깊은 유대가 자리 잡는 장면이 펼쳐진 것이다.

'취약함의 힘The Power of Vulnerability'이라는 TED 강의로 널리 알려진 브레네 브라운Brené Brown은 『마음 가면』, 『불완전함의 선물』 등 여러 저서를 통해 연약함의 의미를 이렇게 설명한다.

> "이 세상에는 두 부류의 사람이 존재한다. 바로 스스로를 가치 있게 느끼는 사람들과 스스로 가치가 없다고 느끼는 사람들이다. 전자는 자신의 취약성을 포용할 수 있는 용기가 있으며, 어딘가에 소속되고 사랑받을 자격이 있다고 믿는다. 또한 자신의 불완전함을 인정하는 만큼 타인도 관대하게 받아들일 수 있다. 그러나 후자의 경우 자신의 취약성에서 수치심을 느끼며 타인과 연결되거나 어떤 집단에 소속될 자격이 없다고 여긴다. 우리가 스스로 '충분하다'고 믿을 때 주변 사람들과 자신에게 더 친절하고 이해심을 가질 수 있다."

자신의 취약성과 연약함을 인정하는 것이 상대방에게 사랑받고 있다는 느낌을 강화하는 데 도움이 된다는 사실을 최근에 경험할 수 있었다.

가을 풍경을 느끼고 싶고, 바람도 쐬고 싶다는 친구 D와 함께 서울에 있는 올림픽공원에 놀러 갔다. 대화를 나누던 중 D는 남편에 대해 섭섭한 마음이 있다며 하소연했다. 이야기를 들어보니 아내로서 섭섭할 만도 했지만, 남편의 단점에 집중한 나머지 다른 좋은 점에 대해서 잘 인식하지 못하는 듯 보였다.

나는 D에게 남편이 아내의 부족한 면과 연약한 부분을 얼마나 잘 수용해 주고 있는지에 대해서 생각해 보길 권했다. 그러자 그녀는 자신의 여러 연약함을 떠올리기 시작했고, 그 단점을 묵묵히 감싸 주고 있던 남편에게 감사한 마음이 들었다. 현재 자신이 남편에게서 받고 있는 사랑 또한 크다는 사실을 새삼 느낀 것이다. 남편 또한 자신처럼 연약함이 있는 존재이고, 부부가 서로를 돕고 보완하는 관계로 살아가는 것이 얼마나 감사한 일인지를 다시 한번 깨닫게 되었다.

나는 완벽한 사람이 아니다. 잘하는 것도 있지만, 못하는 것이 그보다 훨씬 많다. 손으로 하는 일에는 서툴고, 복잡한 계산에는 금세 머리가 아파진다. 몸놀림이 빠른 편도 아니며, 기계 앞에 서면 늘 긴장하게 된다. 동시에 여러 일을 처리하려고 하면 이내 머릿속이 뒤엉켜 제대로 작동하지 않곤 한다. 나이가 들면 좀 나아질 줄 알았지만, 아이 둘을 낳고도 크게 달라진 건 없다. 예전에는 사람들 앞에서 똑똑하고 야무진 모습을 보이고 싶어 필요 이상으로 긴장한 적도 많았다. 하지만 지금은 인정하고 받아들이니 오히려 마음이 편해지고 나 자신을 좀 더 좋아하게 되었다.

그보다 더 좋은 점은 나와 다른 사람들에게 훨씬 더 관대해졌다는 것이다. 조금 느릿한 사람을 보아도 답답함보다는 이해가 앞선다. 나 자신의 불완전함을 인정하기에 타인에게 과도한 기대를 걸지 않게 되고, 그만큼 실망도 줄어든다. 내가 가진 연약함으로 인해 경험한 감정들은 누군가의 연약함이 드러났을 때 그것에 공감하고 다정하게 보듬어줄 수 있는 자원이 되어 준다. 이쯤 되면 취약함은 절대 약점이 아니다. 오히려 분명한 강점이다.

포옹하는 장면을 마음속으로 한번 그려보자. 양팔을 벌려 서로를 안아주는 동작은 우리 몸의 가장 넓은 면적을 아무런 경계 없이 상대방에게 내보이며 몸을 맡길 때만이 가능하다. 그 사이엔 단단한 방어막도, 불투명한 가림막도 없다. 그렇다고 걱정할 필요는 없다. 곧 서로의 온기가 감싸줄 것이다. 따뜻한 온기가 전해지고 수용받고 있다는 안도감이 몰려온다. 이 따뜻함은 상대방에게도 똑같이 전해진다. 안기면서 동시에 안아주고 있는 것이다. 연약함을 인정하는 것은 안길 수 있는 용기이자, 누군가를 안아줄 수 있는 힘이다. 참으로 완벽함이 아닌 연약함이 서로를 연결한다.

하루 한 문장, 우아하게 말하기 실천 팁

나의 연약함을 인정하고, 타인과 더욱 깊이 연결되기

- '사람은 누구나 완벽하지 않아. 물론 나도 완벽하지 않지, 뭐 어때 괜찮아.'
- '나는 연약하지만, 충분히 가치가 있어. 또 사랑받고 있어.'
- '저 사람도 연약한 점이 있네? 우리는 다 그래. 서로 돕고, 받아들일 수 있어.'

있는 그대로의 나에게 '충분하다'고 말해 주는 연습이 필요하다.

관계는 '장기전'이라는 것을 기억하라

어느 날, 남편이 주식 이야기를 꺼내면서 지난해에 많이 떨어졌던 주식이 최근 올라서 다행이라고 말했다. 남편이 보유한 것은 미국 기업의 주식인데 최근 미국 내 정치적인 이슈로 주가 변동이 잦다는 것이다. 일주일 사이에 크게 오르기도 하고, 떨어지기도 했다. 나는 그런 이야기를 들으면 신경이 쓰이고 조바심이 나기도 해서 눈 뜨자마자 "어때? 올랐어? 떨어졌어?" 하고 습관처럼 물었다. 그런데 의외로 남편은 주가의 등락에 일희일비하지 않고 담담하게 반응했다. 그 태도가 조금은 의아했다.

"여보는 참 담담하네. 어떻게 그래?"

"난 이 회사를 오래 지켜봐 왔잖아. 가능성이 크다고 믿는 기업이야. 아주 길게 가져갈 주식이라서 남들처럼 단기적인 등락엔 크게 신경 쓰지 않아."

오래 가져갈 주식이라 생각하면 마음에 여유가 생긴다. 관계도 마찬가지다. 우리가 맺고 있는 관계를 장기적인 관점에서 바라볼 때 마음은 훨씬 더 너그러워진다. 당장의 서운함이나 갈등에 휘둘리기보다 함께 걸어갈 긴 시간을 떠올리면 조급함 대신 여유가 생긴다.

초등학생 때 엄마가 학교 상담을 다녀오면 담임 선생님이 나에 대해 어떤 이야기를 하셨는지 전달해 주시고는 했다. 그때 담임 선생님께서 "희영이는 처음에 볼 때는 차분하고 조용해서 눈에 띄는 아이는 아니었어요. 그런데 2학기로 넘어갈 무렵이 되면 어느샌가 친구들이 다 희영이와 짝을 하고 싶다고 하더라고요. 그래서 희영이에 대해 더 집중할 수 있는 계기가 되었죠."라는 말씀을 하셨다고 한다. 엄마 역시 "너는 시작은 좀 느리고 부족할 수 있지만, 갈수록 빛을 발하는 아이야."라고 덧붙여 주셨다. 어릴 때 듣던 그 말들이 사는 동안 격려가 되었고, 관계에서도 조급하게 서두르지 않을 수 있는 계기가 되었다.

지금까지의 관계를 떠올려 보면 내가 오랫동안 함께하고 싶은 사람들과 지속적인 만남을 이어가는 경우가 대부분이다. 그런데 태어나 처음으로 나의 의지와는 상관없이 오랫동안 마주해야 하는 관계가 생겼다. 바로 결혼을 통해 맺어진 '시댁'이라는 관계였다. 독일에서 가정을 꾸리고 사는 시누이와는 몇 년에 한 번 정도밖에 만나지 않았기에 나에게 가장 중요하고 지속적인 관계는 시어머니와의 관계였다.

나를 있는 그대로 잘 전달하는 것이 관계를 건강하게 유지하는 비결이라는 생각이 들었다. 그래서 최대한 실제 나와 가까운 모습으로 다가가려 했다. 며느리로서 예쁘게 보이고 싶은 마음, 잘 지내고 싶은 마음은 누구나 똑같지 않을까. 하지만 너무 애쓰다 보면 마음이 지치기도 하고, 예상하지 못한 반응에 예민해지기도 한다. 당장 내 모습이 예쁘게 느껴지지 않아도 시간이 흘러 나의 좋은 면도 드러나는 날이 오리라는 마음의 여유가 필요하다.

초기에는 그런 내 모습이 오해를 불러일으키기도 했다. 내 의사를 솔직하게 표현하고, 무리해서 애쓰지 않는 태도가 어른들을 어려워하지 않거나 공손하지 못한 모습으로 비쳤던 것이다. 하지만 사실 나는 일부러 그런 태도를 보인 것이 아니었다. 눈치가 둔한 편이고, 말을 꾸며서 하는 센스도 부족하며, 행동도 느린 편이라 그런 오해를 산 것 같다. 그래서 때로는 누군가에게 서운함을 안겨드렸을지도 모른다.

여러 오해와 갈등, 서운함이 오고 갔지만, 그런데도 마음속에서 놓치지 않으려 애썼던 것은 '사랑하고자 하는 마음'이었다. 사랑하는 마음을 간직하고 있으면, 그것은 결국 긴 시간 속에서 진심과 태도로 드러나리라는 생각이 들었다. 잘 보이려는 노력은 상대의 반응이 없을 때 쉽게 지치지만, 사랑하려는 마음은 오래 지속된다. 그리고 그 마음이 지치지 않으려면, 나 자신이 '진짜 나'로 존재해야 한다. 내 모습이 아닌 채로 관계를 유지하려 들면, 잠깐은 가능할지 몰라도 시간이 흐를수록 지치거나 결국 관계를 놓게 되기 쉽다.

10여 년이 흐른 지금, 시어머니와 나의 관계는 예전보다 훨씬 편안해졌고, 그 안에는 진심과 애정이 깃들어 있다. 시간이 지나면서 예전엔 단점처럼 보이던 면들이 오히려 장점으로 느껴지기도 하고, 불필요한 오해도 자연스레 사라졌다.

비슷한 시기에 결혼한 내 친구들 가운데는 시어머니가 며느리의 성향을 마음에 들어 하지 않아 섭섭함을 드러내는 일이 종종 있었다. 친구들은 억지로 애쓰지 않고 자기답게 지내는 데는 성공했지만, 반복된 부정적인 피드백 속에서 감정적으로 큰 어려움을 겪었고 결국 마음의 문을 닫아버렸다. 안타깝게도 지금은 더 이상 잘 지내보려는 노력조차 하지 않는다고 들었다.

'나 자신으로 있으라'는 말은 진실함으로 대하는 것이지 아무 노력도 필요하지 않다는 뜻은 아니다. 사랑하려는 마음이 있으면 나 자신으로 있으면서 동시에 상대방을 이해하고 배려하려는 마음, 맞춰보려는 노력을 기울일 수 있게 된다.

우리는 누구나 완벽하지 않으며 사는 날 동안 매 순간 성장과 긍정적인 방향으로의 변화가 필요하다. 내 방식만을 고집하지 않고 상대방의 관점에서 자신을 돌아보고 조금씩 노력한다면 관계가 점차 좋은 방향으로 깊어지고 풍성해진다는 것을 경험하게 될 것이다.

관계를 길게 바라보는 관점이 있으면, 상대의 진짜 가치와 면모를 알아볼 기회가 생긴다. 누군가를 만나 이야기를 나누고 점차 알아가다 보면, 나와 다른 점들이 단점처럼 보일 때가 있다. 그 차이를 이유로 '생각이 다른 사람', '나와 맞지 않는 사람', '불편함을 주는 사람'이라 여기기 시작하는 순간, 우리는 조금씩 마음의 문을 닫게 된다. 그러다 갈등이 생기면, 마치 원수처럼 대하게 되는 일도 생긴다. 물론 모든 사람과 늘 좋은 관계를 유지하며, 오래도록 함께할 필요는 없다.

하지만 우리의 느낌과 판단, 그리고 갈등이라는 요소가 늘 상대방이 어떤 사람인지를 정확히 말해 주지는 않는다. 스쳐 지나가는 사람이 아니라 잘 가꾸고 소중히 여겨야 하는 관계라면 눈앞에 벌어진 갈등의 결과보다 그 사건을 과정으로 바라볼 수 있는 여유가 필요하다.

우리는 기다리는 일을 몹시 어려워하지만, 기다림을 통해 얻게 되는 유익은 생각보다 크다. 정말 소중한 것들은 대부분 긴 기다림 끝에 주어지며, 그렇게 얻어진 것들은 쉽게 변하지 않고, 쉽게 잃어버리지도 않는다. 지금 돌아보면, 나를 기다려 주었던 사람들에게 감사한 마음이 든다. 당황스러웠을 수 있는 나의 행동을 수용해 주고, 나를 진심으로 이해할 수 있을 때까지 기다려 준 이들이 있었기에 지금 내가 누리고 있는 관계의 결실도 가능했을 것이다.

마지막으로, 관계를 장기적인 관점으로 바라보게 되면 진실을 말할 용기를 가질 수 있게 된다. 누군가 내 앞에서 제3자의 험담을 할 때, 그 말에 쉽게 동조할 수 없어 곤란함을 느낀 적이 있을 것이다. 종종 뒷담화를 함께 나누면 결속력이 생긴다고 말하기도 하지만, 그런 관계는 결국 신뢰가 무너지고 오래 가지 못한다. 상대의 기분에 맞추고, 그것이 배려라 믿으며 무조건 동조하거나 공감하는 사람도 있을 것이다. 그러나 모든 관계에는 사랑뿐 아니라 진실이 함께해야 한다. 아닌 것은 아니라고 말할 수 있어야 하고, 불의한 일에 함께 기뻐하지 않는 것, 그것이 진정한 사랑의 태도다.

오래 함께하고 싶은 관계일수록, 내 말이 때로는 불편하게 들릴 수 있음을 감수하면서도, 진실과 배려를 담아 말하는 연습이 필요하다. 그리고 그것은 언제나 용기가 필요한 일이다.

내 친구들은 내 이야기에 귀 기울여 주지만, 무조건적으로 호응하지는 않는다. 내가 남편과의 갈등을 푸념하듯 털어놓을 때면, "언니, 내가 언니를 정말 사랑하지만, 이번 일은 형부의 상황도 이해돼서 무작정 언니 편을 들기는 어려울 것 같아."라고 말하곤 한다. 그러고는 부드럽고 겸손하게, 내가 놓치고 있던 편협한 시각을 일깨워 준다. 나는 진심 어린 사랑 안에서 진실을 말해 줄 수 있는 친구들이 곁에 있어 늘 감사하다. 그들과 대화할 때면 어떤 이야기를 나누어도 '안전하다'는 느낌을 받을 수 있다.

"길이 멀어야 말의 힘을 알고, 사람은 오래 사귀어 보아야 그 마음을 알 수 있다."라는 말이 있다. 그처럼 사람의 진면목을 알아가는 일은 절대 쉬운 일이 아니다. 관계를 단기적인 시선으로 바라보면, 우리가 놓치게 되는 부분이 분명히 생긴다. 멀리, 길게 바라보는 마음으로 여유를 가지고, 그 여유 속에서 상대를 사랑과 진실함으로 대면해 보자. 판단과 오해, 갈등과 억울함이 서서히 가라앉고, 마침내 '진짜'가 보이는 순간이 우리 앞에 찾아올 것이다.

 하루 한 문장, 우아하게 말하기 실천 팁

관계를 장기적으로 볼 때 얻을 수 있는 세 가지 유익

1. 지나치게 애쓰지 않아도, 진짜 내 모습을 보여 줄 수 있다.
2. 갈등을 단절이 아닌 관계의 자연스러운 과정으로 받아들일 여유가 생긴다.
3. 사랑과 배려를 바탕으로, 서로에게 꼭 필요한 진실을 나눌 수 있다.

마음을 여는 데는 용기가, 지키는 데는 '시간'이 필요하다.

4장

우아한 사람으로 만드는
7가지 말의 습관

말에는 그 사람의 습관이 고스란히 담깁니다. 사람들은 말의 내용보다, 말하는 방식에서 더 강한 인상을 받습니다. 목소리의 톤, 단어 선택, 눈빛, 제스처… 사소해 보이는 것 하나하나가 절대 가볍지 않습니다. 작은 습관들이 쌓여 우아한 인상을 만들고, 꾸준한 훈련은 말에 절제와 품격을 더해 줍니다. 좋은 말하기 습관은 언제나 나를 신뢰받고, 품위 있는 사람으로 보이게 합니다.

나에게 가장 잘 어울리는 '목소리 톤'을 찾아라

강의나 방송을 시작하기 전, 나는 늘 하나의 루틴을 반복한다.

"안녕하십니까. 오늘 '청중을 사로잡는 프레젠테이션'이라는 주제로 강의를 하게 된 신희영입니다."

이처럼 시작 멘트를 여러 번 반복하며 그날의 목소리 톤을 점검하는 것이다. 예상한 톤으로 또렷하게 첫인사를 건넸을 때, 강의 진행에 대한 마음의 안정이 찾아오고, 남은 시간을 한결 편안하게 이어갈 수 있게 된다. 그리고 첫 마디를 꺼낸 그 순간, 청중의 시선과 관심이 나의 차림새나 표정에서 점차 목소리로 옮겨지고, 이내 흐뭇한 표정을 짓는 모습을 보면, 말로 다 표현할 수 없는 만족감이 밀려온다. 내 목소리가 기대에 못 미치는 것이 아니라 좋은 느낌으로 전해졌다는 것을 알아차릴 수 있는 순간이다.

자신이 사용할 수 있는 목소리 톤이 한 가지뿐이라고 여기는 이들이 꽤 많다. 친구와 대화하는 목소리 톤으로 발표를 하고, 중요한 면접을 보기도 한다. 자신이 주로 사용하는 목소리 톤이 제일 편하고 자연스러운 톤이라는 믿음으로 오랜 세월 살아온 이들도 있다. 나에게 어떤 목소리 톤이 있을지 관심을 기울이거나 발견하려 하지 않았기 때문이다.

W 기업에서 오랜 시간 근무하며 많은 사람에게 영향력을 미치고, 조직 내에서도 높은 위치에 오른 분을 만난 적이 있다. 성실하고 열정적인 분으로 10년 넘게 관련 분야에서 강의를 이어오고 있다. 스피치 코칭을 앞두고 먼저 강의 영상을 살펴보았는데, 예상과는 다른 목소리 톤에 의문이 들었다. 사전에 알고 있던 이력이나 커리어와는 어울리지 않는, 다소 애교 섞인 높은 톤의 목소리를 사용하고 있었다. 아마도 친근함을 주거나, 열정을 표현하려는 의도로 톤을 높이려 노력했을 수 있다. 그러나 그 목소리는 그의 사회적 위치나 지향하는 이미지와는 어딘가 어울리지 않는, 잘 맞지 않는 옷을 입은 듯한 느낌을 주었다.

직접 만나 이야기를 나눠보니 그는 강의를 한 번만 해도 목소리 상태가 급격히 나빠져 매우 힘들다고 하소연했다. 현재 사용하는 목소리 톤이 편한지 묻자, 오랫동안 익숙하게 써온 톤이라 자신에게 진정으로 편안한 목소리가 무엇인지 잘 모르겠다는 것이다. 그래서 수업을 통해 본인에게 가장 자연스러우면서도 무리 없이 낼 수 있는 톤을 함께 찾아보았고, 기존에 사용하던 것보다 다소 낮은 톤으로 발성하는 훈련을 진행했다.

처음에는 낯설고 어색한 느낌에 달라진 목소리가 상대에게 어떻게 들릴지 확신이 없어 보였다. 하지만 예상과 달리 청중의 반응은 폭발적이었다. 스피치 수업 이후 진행한 첫 강의에서 새롭게 훈련한 톤을 사용하자 즉각적으로 긍정적인 피드백이 이어졌다. 심지어 10년 넘게 그의 강의를 들어온 한 분은 '그동안 들었던 강의 중 가장 전달력이 뛰어났다'고 평가해 주었다.

그는 나에게 "편하게 소리를 낼 수 있고, 사회적 이미지에 어울리는 목소리 톤을 찾은 것 하나만으로도 이번 스피치 수업에서 가장 큰 선물을 받았습니다."라고 소감을 전했다.

코칭 사례들을 살펴보면, 대체로 여성은 자신의 본래 목소리 톤보다 더 높게 사용하는 경우가 많았고, 남성은 원래 낮은 톤에서 더 낮게 발성함으로써 전달력이 떨어지는 사례가 자주 있었다. 이러한 발성 습관은 자신도 모르게 오랜 시간 살아오며 익숙해진 결과였지만, 익숙한 것이 곧 최선은 아니다. 자신이 편안하게 낼 수 있으면서도, 상대방이 듣기에 안정감 있는 목소리 톤을 찾아내는 것이 중요하다.

일단 자신의 톤을 찾기 전에 알아두어야 할 사항들이 있다. 내가 듣는 나의 소리와 남이 듣는 내 소리가 다를 수 있다는 점이다. 내가 듣는 나의 목소리는 뼈와 공기를 통해 듣는 소리이고, 남이 듣는 나의 목소리는 공기를 통해서만 전달되는 소리이다. 이러한 차이점이 있기에 자신의 목소리를 녹음해 들어보면 매우 낯설게 느껴진다. 내 귀가 무조건 옳다는 생각을 내려놓고 어색함을 뛰어넘어 보겠다는 의지가 필요하다. 또한 잘 훈련된 선생님의 청각적인 피드백을 받는 것도 추천한다.

먼저 목소리를 편하게 내기에 좋은 자세를 만들어 보자. 안정된 자세를 취하려면 두 다리를 어깨너비보다 약간 적게 벌리고 발바닥의 전면이 바닥에 닿는 느낌을 유지한다. 상체의 무게가 두 다리에 골고루 분배되어야 한다. '머리, 어깨, 다리'가 자연스럽게 수직을 이루도록 선다. 상체는 구부정하게 처지지 않도록 자연스럽게 세우고, 어깨는 힘을 빼고 이완시킨다. 어깨에 힘이 들어가면 인후 부위까지 긴장이 전달되어 편안한 발성이 어려워진다. 머리의 위치를 바로잡는 것도 중요하다. 정면을 바라보되, 머리가 약간 위쪽을 향한다는 느낌이 들면 좋다. 머리가 한쪽으로 기울어지면 성대 접촉의 균형이 흐트러질 수 있으므로, 아래턱을 살짝 당겨 머리가 뒤로 젖혀지지 않게 주의하자. 안정된 자세에서 비로소 안정된 발성이 시작된다.

흔히 '아담의 사과' 또는 '소리 상자'라 불리는 후두는 목소리에 직접적인 영향을 주는 중요한 기관 중 하나다. 목을 손으로 만져보았을 때 단단하게 튀어나온 부분이 바로 후두를 이루는 구조 중 가장 큰 연골인 갑상연골이다. 마른 남성의 경우 이 부위가 눈에 띄게 돌출되어 보이지만, 여성은 비교적 덜 두드러진다. 쉽게 말해, 침을 꿀꺽 삼켰을 때 위아래로 움직이는 뼈가 바로 후두라고 생각하면 된다.

서울아산병원 발성 치료사인 안대성 작가는 『발성의 완성을 위한 목소리 사용설명서』에서 "후두의 구조로 인해 성대 길이에 차이가 생기며, 이로 인해 남성과 여성의 음성이 달라진다. 후두 뒤쪽은 열린 상태이며, 남성은 80~90도, 여성은 120~130도의 각도를 보인다. 이 각도가 좁을수록 성대의 길이가 길어져 저음을 내게 되고, 반대로 각도가 넓어 피열연골과의 거리가 짧아지면 성대가 짧아져 고음을 낼 수 있다."라고 설명하고 있다. 즉, 후두는 목소리 톤에 직접적인 영향을 미치는 구조적 요인임을 알 수 있다. 이와 함께 그는 "음높이의 변화나 모음의 변화 시 후두의 움직임이 적을수록 안정된 발성을 할 수 있다."라고 말한다. 따라서 편안하고 안정된 목소리를 내기 위해서는 발성 중에 후두의 위치가 과도하게 움직이지 않는지를 점검해 보는 것이 중요하다.

1. 먼저 손가락 세 개를 후두 위에 살짝 올려놓아 본다.
2. '음~~' 하고 가볍게 허밍을 해 본다.
3. '음~~' 하는 소리의 높이를 최대한 낮게, 최대한 높게 내본다.

이 순서대로 했을 때 후두의 움직임이 느껴졌을 것이다. 높은음을 냈을 때 후두가 위로 올라가고 낮은음을 냈을 때는 후두가 아래로 내려간다. 위치에 변함이 없어야 하는 후두가 많이 움직인다는 것은 움직임을 위해 성대와 근육에 힘이 들어갔다는 증거다. 후두의 움직임이 클수록 나와는 맞지 않는 톤을 사용한다는 뜻이다.

이번에는 실제로 소리를 내어 보자. "안녕하세요."라는 인사를 평소처럼 했을 때 후두의 위치가 위로 훅 올라갔다가 제자리로 돌아왔는가? 그렇다면 원래 자신의 톤보다 높은 톤을 사용하는 습관을 지니고 있는 것이다. 후두가 높이 위치하면 목소리가 얇고 긴장된 느낌을 준다. 친절하게 말하거나, 또렷하게 말하기 위해 자신도 모르게 힘을 들여서 목소리를 내고 있지는 않은지 확인해 봐야 한다.

반면에 후두가 아래쪽으로 내려간 사람이 있는가? 살짝 내려갔다면 괜찮다. 후두를 낮추는 경우 성대 접촉량이 늘어 울림이 좋아지고, 깊고 안정적인 소리를 낼 수 있다. 성대 근육에 무리가 가지 않아 건강하게 유지되기 때문에 성악가와 가수들도 시간을 내어 훈련하고는 한다. 그러나 눈에 띄게 많이 내려갔다면 문제가 있다. 일부러 목소리를 무리해서 낮추면 성대가 경직되어 눌린 목소리가 나거나 목소리의 피로도가 높아져 쉽게 상하고 만다. 후두의 움직임을 신경 쓰면서 다양한 문장을 소리 내어 읽어보는 연습을 해 보자. 성대의 움직임이 거의 없거나 약간 낮은 위치에서 내는 소리가 나에게 가장 편하고 잘 어울리는 소리다.

며칠 전 업무상 통화 녹음 기능이 필요해 사용하고 있는 스마트폰의 소프트웨어를 최신 버전으로 업그레이드했다. 그러자 오랫동안 사용한 기기임에도 마치 성능이 뛰어난 최신 버전의 기기를 사용하는 것 같은 기쁨을 느꼈다. 최적화된 운영체제가 기기의 성능을 높여 주는 것처럼 우리 몸의 최적화를 이루는 것도 마찬가지다. 타고난 내 발성기관을 가장 좋은 방법으로 사용해 목소리를 내는 것은 기능이 뛰어날 뿐 아니라 편안하고도 조화롭다. 누군가의 목소리를 부러워하거나 모방할 필요는 없다. 단지 내 목소리가 지닌 가능성을 최대치로 끌어내 보자. 당신의 목소리는 충분히 매력적이다.

 하루 한 문장, 우아하게 말하기 실천 팁

내 목소리 톤을 찾는 방법

1. 목에서 튀어나온 부분인 후두 갑상연골에 손가락 세 개를 가볍게 올려놓는다.
2. '음~'하고 허밍을 하며 높낮이를 다르게 해 본다.
3. 후두가 움직이지 않거나, 살짝 내려가는 위치에서 "안녕하십니까? ○○○입니다."라고 말해 본다.

좋은 목소리는 타고나는 것이 아니라 '찾아내는' 것이다.

상대에게 온전히 집중할 수 있는 '환경'을 만들어라

휴대폰 스피커 너머로 친구의 떨리는 목소리가 들려왔다. 금방이라도 울음을 터뜨릴 것 같은 목소리였다. "지금 통화할 수 있어?" 아직 돌봄이 필요한 둘째 아이와 정신이 없는 상황이었지만, 그 순간만큼은 일단 전화를 끊으면 안 되겠다는 생각이 들었다. "왜 그래, 무슨 일이야?"라는 질문에 친구는 자신이 겪은 일을 상세하게 털어놓기 시작했다. 그때까지는 통화에 집중할 수 있었기에 대화를 자연스럽게 이어갈 수 있었고, 필요한 조언도 전할 수 있었다. 하지만 얼마 지나지 않아 친구가 감정이 북받쳐 크게 울기 시작했고, 마침 둘째 아이도 울며 나를 찾는 바람에 급하게 통화를 종료할 수밖에 없었다.

의도하지 않았지만 예상하지 못한 상황으로 상대방과 대화를 이어 나가기 어렵거나 집중하지 못할 때가 있다. 우리가 대비할 수 없을 만큼의 돌발적인 사건이나 시기적으로 중요한 사안은 어쩔 수 없지만 되도록 대화가 끊어지지 않도록 환경을 마련하는 것은 중요하다. 대화는 양보다 질이 중요하고, 진짜 대화는 상대방에게 온전히 집중하고 공감할 때만이 가능하다. 서로에게 집중하지 못하는 대화는 로봇처럼 기계적이거나 피상적으로 흘러가게 된다.

코칭 분야에서는 '프레즌스presence'라는 단어를 자주 사용한다. 프레즌스는 코치와 클라이언트 간의 상호작용에서 매우 중요한 요소로 코치가 현재 순간에 완전히 집중하고 있는 상태를 의미한다. 코치가 자신의 생각이나 판단을 배제하고 클라이언트에게 온전히 주의를 기울이며, 감정적으로 연결된 상태를 유지하는 것을 포함한다. 프레즌스를 통해 클라이언트는 자신이 더 존중받고 이해받고 있다는 느낌을 받게 되며, 서로 간에 깊이 있는 대화가 가능해진다. 이는 코치와 클라이언트 사이에 신뢰를 형성하는 기반이 된다. 물론 우리가 만나는 사람 모두를 클라이언트처럼 대하고 내가 코치라는 역할을 해낼 의무는 없다. 하지만 이 프레즌스는 진실한 대화와 존중하는 관계를 원하는 우리 모두에게 꼭 필요한 역량이다.

프레즌스의 핵심은 상대와의 대화에서 과거나 미래가 아닌 '지금 이 순간'에 온전히 집중하는 것이다. 눈과 귀, 그리고 생각이 내면의 혼란과 외부의 자극으로부터 자유로워질 때, 비로소 눈앞에 있는 상대에게만 오롯이 집중할 수 있다.

울고 있던 친구의 이야기를 급히 끊어야 했던 때와는 달리, 이번에는 상대방의 마음에 깊이 공감하며, 마치 내 일처럼 함께 울었던 순간이 있었다.

C와 통화를 시작하자마자 이야기의 무게와 분위기에서 주제가 심각하다는 것을 직감했다. 다행히 그날은 육아에서 잠시 벗어날 수 있었고, 방해받지 않는 시간과 조용한 공간도 마련되어 있었다. '한 마디도 흘려듣지 않겠다'는 단단한 의지가 마음속에 가득 찼다. 이야기가 진행될수록 그녀의 감정에 따라 내 감정도 함께 움직이고 있다는 것을 느낄 수 있었다.

나는 섣불리 격한 반응을 하거나 동조하는 말을 하는 사람은 아니다. 말없이 조용히 듣고 있는 가운데 계속 눈물이 흐르고 있었다. 상대방의 말에 완전히 몰입해 감정이 움직였기 때문이다. 내가 함께 울고 있다는 사실을 어쩔 수 없이 알게 된 C는 진심 어린 나의 반응에 많은 위로를 받았다고 한다.

그 대화 이후로 우리는 서로 더욱 신뢰하고 존중하는 관계가 되었다. 상대방을 향한 마음이 진심이라면 집중할 수 있는 환경을 마련하는 것만으로도 좋은 대화가 이어질 가능성이 크다. 반면, 내가 전하려는 이야기가 중요하고 공감이 필요하며, 길게 이어질 가능성이 있다면 상대방의 상황을 세심하게 살피고 배려하는 태도 또한 필요하다.

우리 엄마는 고된 하루를 마친 뒤 머리를 식히고 싶을 때면, 컴퓨터로 카드 게임을 하면서 동시에 라디오를 틀어 놓곤 하셨다. "엄마는 왜 항상 두 가지 일을 동시에 하세요?"라고 물으면, "나는 멀티가 가능하잖아. 한 가지만 하면 답답해."라며 웃으셨다.

예전에는 여러 일을 동시에 잘 해내는 사람과, 한 가지에 몰입하면 주변이 전혀 눈에 들어오지 않는 사람을 단지 타고난 성향의 차이로만 구분해 이야기하곤 했다. 그저 성향에 관한 흥미로운 이야깃거리일 뿐이었다. 하지만 요즘 상황은 완전히 다르다. 사람들은 그야말로 미디어 멀티태스킹 속에서 살고 있다 해도 과언이 아니다.

고개를 숙인 채 휴대폰을 보면서 걷고, 운동하다 쉬는 시간 틈틈이 유튜브 영상을 시청한다. 데스크톱 사용하는 동시에 카카오톡 메시지를 보내며, TV를 틀어 놓고 인터넷 서핑을 즐긴다.

이 같은 멀티태스킹은 정말로 한 번에 두 가지 일을 하는 걸까? 존 메디나John Medina는 저서 『브레인 룰스』에서 "인간의 뇌는 집중 대상을 한 번에 하나씩 연속적으로 전환할 뿐이다. 좀 더 분명히 말하자면, 인간은 멀티태스킹이 불가능하다는 사실이 이미 연구를 통해 입증되었다."라고 말한다. 이러한 결과는 우리가 누군가와 대화를 나누며 동시에 휴대폰을 사용하는 행위가 결국 서로에게 온전히 집중하는 데 방해가 된다는 점을 잘 보여 준다.

우리나라의 하루 평균 스마트폰 사용 시간은 5시간에 이른다. 이용 시간이 늘어나면서 스마트폰 사용을 스스로 조절하지 못하는 '과

의존 위험군' 역시 증가하는 추세다. 과의존 위험군을 가늠하는 척도 중 하나는 스마트폰을 일정 간격으로 확인하지 못할 때 불안을 느낀다는 점이다. 급한 일이 없음에도 불구하고 자주 휴대폰을 확인하지 않으면 불편함을 느끼게 되고, 이는 자연스럽게 대화 중인 상대에게 집중하는 데 방해가 된다. 이와 관련해 신체와 관계의 상호작용을 연구하는 켈리 맥고니걸Kelly McGonigal 박사는 〈의지적 본능〉이라는 《뉴욕타임스》 기고문에서 다음과 같이 지적했다.

> "테이블 위에 놓인 휴대폰은 그 자체만으로도 대화를 나누는 사람들 사이의 공감과 친밀감을 떨어뜨리기에 충분한 방해 요소가 된다."

유쾌한 장면은 아니겠지만 우리의 하루를 CCTV로 촬영해 여과 없이 들여다본다면 어떤 모습일지 종종 상상해 본다. 하루 한 번뿐인 배우자와의 소중한 식사 자리에서조차 업무 연장의 일환처럼 휴대폰 화면만 응시하고 있는 모습이 떠오른다. 설렘 가득한 표정으로 다가오는 자녀를 향해 눈은 여전히 휴대폰에 고정한 채 건성으로 대답하는 장면도 그려진다. 오랜만에 만난 친구와의 대화 중에도 수시로 울리는 알림을 확인하느라 시선을 빼앗기는 모습 역시 기록될 것이다. 만약 학교에서 디지털 미디어 리터러시 교육이 시행된다면 어떨까. 선생님과의 따뜻한 소통보다는 태블릿 PC와 눈맞춤하는 시간이 더 많아질지도 모른다. 시간이 흐를수록 깊이 있는 대화가 점점 더 어려워지는 현실이 씁쓸하고 안타깝다.

모든 것이 변해 간다고 해도 지켜야 하는 소중한 것이 있다면 바로 사람과 사람 사이의 친밀한 관계이고, '관계를 만들어가는 시간'이다. 직접 대면하여 집중하는 질적인 시간이 없이는 친밀함이 형성되기 어렵다. 지금 당장이라도 사랑하는 누군가와 대화를 나눌 기회가 생긴다면 휴대폰을 보이지 않는 곳에 넣어 두거나 화면이 보이지 않도록 뒤집어 놓는 것만으로도 상대에게 훨씬 더 집중하기 쉬울 것이다. 물론 대화 도중 문득 휴대폰을 들여다보고 싶은 충동이 강하게 올라올 수 있다. 새로운 정보를 놓치면 나만 뒤처지는 건 아닐까 하는 위기감, 혹은 아직 확인하지 않은 메시지에 긴급한 일이 있을지도 모른다는 불안감이 스칠 수도 있다. 하지만 이 모든 걱정이 무색할 정도로 생각보다 우리 일상에 아무 일도 일어나지 않는다는 것 또한 깨닫게 될 것이다.

게리 채프먼Gary Chapman의 『5가지 사랑의 언어』를 처음 읽은 것은 대학생 때였다. 그리고 몇 년 전, 강의를 준비하며 다시 한번 책을 정독했다. 이 책은 무려 130주 이상 《뉴욕타임스》 베스트셀러에 올랐으며, 여전히 그 기록을 경신하고 있는 스테디셀러다. 책의 핵심은 간단하다. 사랑은 본능이 아니라 배워야 할 기술이며, 무엇보다 중요한 것은 상대방이 원하는 방식으로 사랑을 표현하는 것이라는 점이다.

채프먼에 따르면, 사람들이 사랑을 주고받는 방식은 다섯 가지 '사랑의 언어'로 나눌 수 있다. 바로 '인정하는 말', '스킨십', '봉사', '함께하는 시간', '선물'이다. 이 중 '함께하는 시간'은 원서에서 Quality Time으로 표현된다. 말 그대로 '질적인 시간', 즉 상대방에게 온전히 집중하고 깊이 있는 대화를 나누는 시간을 의미한다.

'질적인 시간'은 특정 유형의 사람에게만 필요한 사랑의 방식이 아니다. 인간이라면 누구나 함께하는 시간을 통해 친밀함을 느끼고, 존중과 사랑을 받기를 원한다. 상대에게 온전히 집중할 수 있는 환경이 마련될 때 우리가 바라는 진정성 있는 대화와 깊이 있는 관계가 가능해진다. 마치 소중한 만남을 무대 위, 한 장면처럼 연출해 보는 것이다. 주변의 소음을 차단하고, 불필요한 것들에 시선을 빼앗기지 않도록 주위 공간을 어둡게 정돈한다. 그리고 두 사람이 마주한 그 자리, 그 순간에만 환하게 스포트라이트가 비춘다. 그 찰나만큼은 두 사람이 무대의 주인공이다.

하루 한 문장, 우아하게 말하기 실천 팁

질적인 대화를 위한 체크리스트

1. 대화에 몰입하기 좋은 장소와 시간인가요?
2. 과거와 미래가 아닌 지금, 이 순간에 머물고 있나요?
3. 휴대폰을 무의식적으로 확인하며 집중력을 흩트리고 있진 않나요?

진심 어린 대화는 '마음'과 '시선'을 온전히 내어줄 때 비로소 시작된다.

따뜻한 분위기는
따뜻한 눈빛에서 나온다

〈히어로는 아닙니다만〉은 초능력을 지녔지만, 현대인의 질병으로 인해 그 능력을 잃어버린 한 가족의 이야기를 그린 드라마다. 이 드라마에 등장하는 한 소녀는 사람들의 속마음을 읽을 수 있는 초능력을 지니고 있다. 하지만 이 능력은 오직 상대방의 눈을 바라볼 때만 발휘되기 때문에 소녀는 알고 싶지 않은 마음까지 들여다보게 되는 것이 두려워 일부러 두꺼운 안경을 쓰고, 눈을 마주치지 않으려 애쓴다. 비록 드라마처럼 독심술에 가까운 능력은 없더라도, 우리는 누군가의 눈빛만으로도 그 사람에 대한 많은 정보를 자연스럽게 감지한다. 눈빛은 때로 말보다 먼저 감정을 전달하는 통로이기 때문이다.

내가 아는 한 지인은 사회적으로 영향력 있는 위치에 올라갈수록 사람들의 진심을 알아채기 어려워진다고 말했다. 솔직한 답변을 듣고 싶어 질문을 던져도, 대부분 그의 눈치를 살피며 듣기 좋은 말만 골라 하려는 경향이 있기 때문이다. 그래서 그는 이를 보완하는 방법으로 상대의 눈을 유심히 바라보며 이야기를 듣는다고 한다. 사람의 눈은 거짓말을 숨기지 못한다고 믿기 때문이다.

에이브 커먼즈Abe Kominz는 '눈 맞춤' 이론을 통해 상호작용과 의사소통 과정에서 눈 맞춤이 핵심적인 역할을 한다는 점을 강조했다. 그는 시선이 상대방과의 관계를 형성하고 유지하며, 대화의 질을 높이는 데 중요한 요소임을 설명했다.

이처럼 우리는 누군가와 대화를 나눌 때, 단지 말로만 소통하는 것이 아니라 눈을 통해서도 깊이 있는 상호작용을 이어간다. 만약 대화 중에 서로의 눈을 바라보지 않는다면, 그것은 곧 상대에 대한 수많은 정보를 차단하는 것과 다름없다. 상대를 바라본다는 행위는 단순히 나를 드러내는 것을 넘어 그 사람에게 관심이 있다는 신호이자 마음을 나누려는 공감의 표현이다.

취업 준비생을 대상으로 면접 컨설팅을 하다 보면, 눈을 잘 맞추지 못하는 사람들을 종종 만난다. 시선을 바닥에 떨어뜨리거나 주변의 사물들을 바라보거나 눈동자를 이리저리 움직이는 경우가 있다. 면접에서는 면접관의 눈을 잘 바라보아야 소통과 공감이 일어나고 지원자가 어떤 사람인지 확인할 수 있다. 어떤 사람인지 파악이 되어야 면접을 보는 회사와 잘 맞는지를 살펴보고 채용할 수 있는 것이다. 눈 맞춤을 하지 않으면 자신감이 떨어져 보이고, 사람들과 잘 소통할 수 있을지에 대한 확신을 줄 수 없기에 면접에서 불리해진다.

말하는 처지가 아니라 듣는 처지일 때도, 상대의 눈을 바라보지 않으면 불필요한 오해를 살 수 있다. 의도와는 달리 상대방의 이야기에 관심이 없거나 지루해한다는 신호로 비춰질 수 있기 때문이다.

눈 맞춤이 부끄럽고 어색한 사람들이라면 눈을 똑바로 바라보는 것 대신 눈과 가까운 코에서부터 시작하면 좋다. 코와 인중 근처를 바라보는 것은 눈을 직접 바라보는 것보다 훨씬 덜 부담이 된다. 상대의 코를 바라보기만 해도 눈을 맞추는 듯한 효과가 있다. 코끝에서 시작해 가끔씩 눈으로 시선을 옮기는 연습을 해 본다. 코에서부터 양쪽 눈을 번갈아 보는 것이 익숙해지면 그때부터 눈을 바라보는 시간을 조금씩 늘려가면 된다. 눈을 바라보는 대신 상대방의 몸쪽으로 시선이 내려갈 때도 있는데, 이는 상대방에게 큰 실례가 된다. 의도하지는 않았어도 상대방을 관찰하는 듯한 기분이 들게 해 불쾌감을 줄 수 있다.

한편, 눈 맞춤이 중요하다는 말을 '눈을 뚫어지게 바라보라'는 의미로 오해해 오히려 역효과를 낼 때도 있다. 눈을 깜박이지 않은 채 오랜 시간 응시하는 것은 상대방에게 위압적이고 공격적인 인상을 줄 수 있다. 눈 맞춤은 '자연스러움'이 핵심이다. 눈을 부드럽게 깜박이며 대화 시간의 절반 이상은 상대방을 바라보되, 한 번에 5~7초 정도 시선을 유지하는 것이 가장 적절하다. 과거 방송 촬영을 하던 중, 카메라 감독님께 들었던 말씀이 문득 떠오른다.

"카메라를 바라볼 때, 렌즈 속에 사랑하는 연인이 있다고 상상해 보세요. 그러면 눈빛이 달라질 거예요. 그 따뜻한 눈빛이 화면을 통해 시청자에게 그대로 전달될 겁니다."

그때 나는 교양 프로그램의 진행자였고, 멘트를 친절하고 따뜻한 느낌으로 전달해야 했다. 하지만 멘트를 또렷하게 읽는 데만 집중하고, 진심 어린 표정과 눈빛을 담아내지 못한다면, 그 따뜻함은 시청자에게 닿지 않는다는 의미였다. 감독님의 이야기를 들은 뒤, 나는 교양 프로그램을 진행하는 아나운서들의 표정과 눈빛을 유심히 관찰하게 되었다.

유독 어떤 아나운서는 한 번도 만난 적이 없음에도 마치 오래 알고 지낸 사람처럼 친밀하게 느껴졌다. 반면, 똑같이 다정한 말을 건네더라도 표정과 어우러지지 않으면 그 말이 생생하게 다가오지 않을 때도 있었다. 같은 말을 하더라도 눈빛에 따라 친절하게 느껴지기도 하고 무미건조하게 들리기도 했다. 아나운서는 정확한 발음을 위해 입을 크게 벌려 웃으며 말하지 않기 때문에 대부분의 감정을 눈빛으로 전달해야 한다. 입이 웃지 않아도 눈이 웃으면 충분하다. 눈빛에 담긴 진심은 비대면 상황에서도, 방송 화면 너머로 고스란히 전해진다는 사실을 깨달은 이후로는 마음가짐이 달라졌다. 비록 눈앞에 실제 사람이 없더라도 있는 것처럼 여기며, 준비된 원고를 읽을 때도 마음에서 우러나는 눈빛으로 따뜻함을 전하고자 노력했다.

눈빛은 분노, 놀람, 사랑, 즐거움, 슬픔 등 여러 가지의 감정을 전달한다. 드라마나 영화를 보다 보면 배우 이병헌 씨와 같이 눈빛 연기를 기가 막히게 잘하는 배우들이 있다. 눈빛만으로 자신의 다양한 감정을 담아내는 배우의 연기를 보면 어느새 그 일이 실제인 듯 몰입하게 된다. 시청자들이 배우들의 애정 씬을 보면서 실제 연애를 하고 있다고 착각할 정도이니 말이다.

강의 시간에 연예인 네 명의 얼굴 중 눈만 따로 떼어 내어 청중에게 보여 주고, 그 눈의 주인이 누구인지 맞혀보는 시간을 가진 적이 있다. 대부분의 사람은 눈만 보고도 인물을 비교적 쉽게 알아맞혔다. 이어서 연예인의 눈빛을 통해 그들이 어떤 감정인지를 맞춰보는 테스트를 진행했다. 그 결과 분노의 감정은 누구나 쉽게 맞출 수 있었지만, 나머지 감정은 정확도가 매우 낮았다. 즐거움, 슬픔의 감정을 맞히는 것도 헷갈렸지만 특히 '사랑한다'는 감정을 읽는 것을 가장 어려워했다.

왜 좋은 눈빛보다 나쁜 눈빛이 우리에게 더 빨리 읽히는 걸까? 인지심리학자들은 부정적 정보에 주의를 더 집중하는 심리적 특성인 부정성 편향Negativity Bias에서 그 원인을 찾을 수 있다고 말한다. 부정성 편향은 좋은 정보보다 나쁜 정보에 더 각성이 되고 영향을 크게 받는 심리적 경향성이다. 랜디 라슨Randy Larsen 워싱턴대학교 심리학과 교수는 긍정적 감정에 비해 부정적 감정의 강도가 약 세 배나 높다고 전한다. 이는 부정적인 눈빛과 같은 비언어적 단서를 통해 상대의 감정을 빠르게 파악해야만, 자신을 위험으로부터 신속히 보호할 수 있기 때문이라고 설명한다. 즉, 우리가 누군가에게 언짢거나 미운 감정을 품고 있을 때, 그 감정은 눈빛을 통해 쉽게 드러나게 된다는 뜻이다.

반대로 사랑의 감정은 상대방이 경계할 필요가 없다고 인식하는 만큼 눈빛만으로는 잘 감지되지 않는다. 전달되기 어려운 '사랑'이라는 감정을 잘 표현하기 위해서는 상대에게 호감을 줄 수 있는 따뜻하고 부드러운 눈빛을 의식적으로 더 신경 써야 한다.

한번은 아무 말 없이 눈빛만으로 상대방의 마음을 움직인 일이 있었다. 오랜만에 집에 놀러 온 친한 동생과 식탁에 마주 앉아 평범한 일상을 이야기하던 중이었다. 그런데 갑자기 동생이 눈물을 터뜨렸다. 예기치 못한 상황에 "갑자기 왜 울어? 왜 그래?"라고 물었더니 "언니 표정이….."라며 말을 잇지 못한 채 울다가 웃다가 했다. 자신도 갑작스러운 눈물에 놀란 듯했다. 동생의 말을 빌리자면 내가 눈빛으로 자신을 포근히 감싸 안아주는 느낌이 들었다고 한다. 그 따뜻한 분위기에 마음이 녹아버렸다는 것이다. 진심으로 아끼는 동생이었기에 애쓰지 않아도 자연스럽게 그런 눈빛이 흘러나왔던 것 같다.

눈빛을 따뜻하게 바꾸려 억지로 노력하지 않아도 되는 순간이 있다. 그건 바로 상대를 진심으로 아끼고 사랑할 때다. 진심이 담기면 모든 것은 훨씬 더 자연스럽고 쉬워진다.

알버트 아인슈타인Albert Einstein은 이렇게 말했다.

"사람의 눈이 진실을 말할 때, 그것은 모든 언어를 능가한다."

사랑하는 사람이 아무리 달콤한 말을 하더라도 사랑이 가득한 눈빛이 없으면 그 마음은 전달되기 어렵다. 하지만 반대로 아무런 말 없이 눈빛만으로 사랑을 전달하는 것은 가능하다. 우리의 눈은 사랑을 전달할 수 있는 놀라운 통로이다. 따뜻하고 부드러운 분위기를 갖추고 싶다면, 먼저 내 눈빛을 따뜻한 사랑으로 채워보는 것은 어떨까.

하루 한 문장, 우아하게 말하기 실전 팁

따뜻한 눈빛으로, 같은 말도 다르게 전하는 법

1. 눈은 마음의 창! 가장 먼저 애정 어린 마음을 준비한다.
2. 대화의 절반 이상 눈 맞춤을 하되, 한 번에 5~7초 머무른다.
3. 눈을 바라보기 어렵다면 코끝이나 인중을 바라보는 것부터 시작한다.

말에 온기를 더하고 싶다면, 눈빛부터 바꿔보자.

일관되고 명확하게
메시지를 전달하라

20대 후반에 처음 만난 친한 동생 Y는 지금까지 좋은 인연을 이어오고 있는, 내게 소중한 사람 중 한 명이다. 어느 날, 함께 식사하고 쇼핑을 하던 중, 마음에 쏙 드는 물건을 발견했다. 가격도 부담스럽지 않아 선물하고 싶은 마음에 "이거 내가 사주면 어때?"라고 물었다. 그러자 Y는 "괜찮아요, 언니. 저 진짜 안 사고 싶어요."라며 사양했다. 두세 차례 더 권했지만 계속 고사하길래, 그다지 갖고 싶은 건 아니겠거니 하고 말았다.

그런데 뜻밖에도 그 물건이 정말 마음에 들었었다는 사실을 나중에서야 알게 되었다. 그녀는 여러 번 거절하는 것이 예의라고 생각해 체면을 지키기 위해 세 번 이상은 "아니에요."라고 말하는 버릇이 있다고 털어놓았다. 그 일을 계기로 마음과는 다른 말을 굳이 하지 않아도 된다는 이야기를 나누게 되었고, 지금은 서로의 말을 오해하거나 추측할 필요 없이 더욱 편하게 소통하고 있다.

또 내가 알고 지내는 K 씨는 키가 180센티미터가 넘는 건장한 남성이다. 함께 식사할 때면 체격에 비해 식사량이 적어 보여 종종 더 먹으라고 권하곤 했다. 그럴 때마다 그는 "괜찮습니다. 정말 배부릅니다."라며 정중하게 사양했다. 그런데 아주 나중에서야 남은 음식을 조용히 가져다 먹는 모습을 우연히 보게 되었다. 알고 보니 그는 많이 먹는 모습을 남 앞에서 드러내는 것이 부담스러웠고, 자칫 부정적으로 보일까 조심했던 것이다. 지금도 가끔 진짜 배부른 것인지, 아니면 체면상 배부르다 하는 것인지 헷갈릴 때가 있다. 음식을 더 권유해야 할지 그냥 넘어가야 할지 고민되는 순간이 찾아온다.

앞서 언급한 두 가지 사례 모두 상대방에게 어떻게 보일지를 고민하거나, 혹은 배려의 마음에서 비롯된 행동이었을 것이다. 좋은 이미지를 유지하려는 노력은 어느 정도 필요하고, 타인에게 불편을 주지 않으려는 태도 역시 분명 가치 있다. 겉으로 보기에는 별다른 문제가 없어 보이고, 나쁜 의도가 있는 것도 아니다. 그러나 이런 말과 행동은 내면과 외면이 일치된, 명확한 메시지라고 보기는 어렵다. 결국 상대의 말을 곧이곧대로 받아들여도 되는지, 아니면 그 속에 숨은 뜻을 따로 해석해야 하는지 불필요한 고민이 생기게 된다. 소통의 본질이 흐려지는 순간이다.

반면, 내면과 외면이 일치된 명확한 메시지는 상대방에게 '이 사람의 말을 있는 그대로 믿어도 된다'는 안도감을 준다. 만약 앞서 소개한 두 사례에서 마음을 솔직하게 표현했다면, 이렇게 말할 수 있었을 것이다. "저는 그 물건이 정말 마음에 들어요. 언니만 괜찮으시다면, 기꺼이 선물로 받을게요." 또는 식사 자리에서 "다른 분들 음식이 부족하진 않으신가요? 괜찮으시다면, 제가 감사히 더 먹겠습니다."라는 표현도 가능하다. 이처럼 주는 사람도, 받는 사람도 마음에 걸림 없이 소통할 수 있다면, 그 순간은 훨씬 개운하고 만족스러운 경험으로 남게 될 것이다.

대학생이 된 이후, 내가 바라는 이성 교제의 모습이나 이상적인 배우자의 상을 떠올릴 때면 '한결같고 예측 가능한 사람'이면 좋겠다는 생각을 자주 했다. 투명하고 정직한 태도를 중요하게 여겼기에 나를 혼란스럽게 만드는 사람과의 소통은 어렵겠다는 판단이 자연스레 들었다. 나에게 '예측 가능하다'는 것은 어떤 상황에서도 지금 내가 알고 있는 그 사람의 모습대로 말하고 행동할 것이라는 신뢰를 의미한다. 자신에게도, 타인에게도 명확하게 소통하는 사람. 그의 말과 행동 사이에 일관성이 있으며, 돌연 태도가 바뀌거나 말 바꾸기로 나를 당황하게 하지 않는 사람이다.

실제로 그 시절 7년간의 연애 동안 늘 한결같고 예측 가능한 모습을 보여 주며, 내 마음을 자유롭고 편안하게 해 주던 남자친구는 지금의 남편이 되었다. 처세에 능숙하진 않더라도, 이렇게 정직하고 꾸밈없이 말하는 사람을 오래도록 신뢰하며 함께하고 싶다.

말의 메시지를 명확하게 전달하는 또 하나의 방법은 가장 중요한 핵심 메시지를 분명하게 드러내는 것이다. 의사소통에서 메시지의 정확성은 매우 중요하다. 말이란, 듣는 사람이 그 의도와 정보를 명확히 이해할 수 있도록 전달하는 데 목적이 있기 때문이다.

그렇다면 우리는 왜 종종 핵심을 드러내지 못하고 말하는 걸까? 첫 번째 이유는 모든 정보가 중요하다고 여겨 하나도 빠뜨리지 않고 모두 전달해야 한다는 생각 때문이다. 또 정작 말하는 본인조차 무엇이 핵심이고, 무엇이 부차적인지 명확히 정리되지 않은 경우도 많다. 더불어 자신의 의견을 명확하고 단도직입적으로 표현하는 것이 자칫 상대방에게 강압적이거나 오만하게 비칠까 봐 걱정하기도 한다. 그러나 핵심을 또렷이 짚어 말해야만, 내가 진정으로 전달하고자 하는 의도와 중요하게 여기는 바를 상대방이 혼동 없이 정확히 이해할 수 있다.

일상이나 직장생활에서 자신의 의사를 명확하게 전달하기 위한 방법으로 흔히 사용하는 것이 PREP 기법이다. PREP은 Point, Reason, Example, Point의 약자로, 영국의 정치인이자 연설가였던 윈스턴 처칠Winston Churchill이 자주 활용한 화법으로 알려져 '처칠식 말하기 기법'이라고도 불린다.

이 방식은 먼저 말하고자 하는 핵심을 밝힌 뒤, 그 이유와 구체적인 예시를 덧붙이고, 마지막에 한 번 더 핵심을 강조하는 순서로 구성된다. 처음에 핵심을 명확히 제시하면 앞으로의 말 흐름을 예측할 수 있어 듣는 이가 더 쉽게 몰입할 수 있고, 끝에서 다시 핵심을 강조함으로써 중요한 메시지를 자연스럽게 각인시킬 수 있다. 예를 들어, "어떤 음식을 좋아하세요?"라는 질문에 PREP 기법을 활용하면 이렇게 답할 수 있다.

> "저는 계란을 정말 좋아해요. 계란으로 만든 음식은 대부분 맛있거든요. 계란찜, 계란말이, 계란볶음밥처럼 종류도 다양하고요. 그래서 계란을 참 좋아합니다."

이처럼 PREP은 짧은 대화 속에서도 메시지를 명확하게 전달하고, 상대에게 설득력 있는 인상을 남기기에 효과적인 말하기 기법이다. 그런데 핵심을 잘 전달하기가 쉽지 않은 때가 있다. 감정이 잘 정리되어 있지 않은 상태에서 떠오르는 대로 마구 말을 할 때이다. 분명 분노의 표출이나 비판만 하려는 목적이 아니었을 텐데 무작정 정리 없이 말을 하기 시작하면 대화는 엉키고 결국 갈등으로 번지기 쉽다.

핵심이 무엇인지 처음부터 드러내려면 스스로 무슨 말을 하고 싶은지 먼저 파악해야 한다. 다음 예시를 살펴보자. 상대방이 진짜 하고 싶은 말이 무엇인지 명확하게 느껴지는가?

"여보 내가 얘기할 때 좀 잘 들어줄 수 없어? 당신은 경청의 중요성에 대해 가르치는 사람 아니야? 뭘 하자고 의견을 내면 긍정적인 반응보다는 부정적인 반응을 보일 때가 더 많잖아. 이번 일도 그래. 왜 좋은 쪽으로 생각해 보지도 않고 무조건 반대하는 거야. 내가 요즘 어떤 마음으로 그런 의견을 냈을지 고려하지는 않아? 아이들이 우리의 이런 대화 모습을 보면 어떻게 느낄 것 같아? 부정적인 영향을 미칠까 걱정이 된다."

속상함, 불만, 비판이 마구 섞여 있어서 어느 문장이 가장 중요하고 시급한 문장인지 파악하기가 쉽지 않다. 그런데 만약 내가 가장 하고 싶은 말이 "내가 의견을 제시했을 때 긍정적으로 수용해 주면 좋겠어."라면 이 문장을 가장 앞으로 보내는 것이다. 그 후에 이유와 사례를 밝힌다.

"내가 의견을 제시했을 때 긍정적으로 수용해 주면 좋겠어. 당신은 늘 내 의견에 부정적으로 반응할 때가 훨씬 많기 때문이야. 왜 그런 의견을 냈는지 내 마음을 궁금해하거나 고려하지 않을 때도 많고, 무조건 반대부터 하는 때도 많아서 속상해. 아이들에게 안 좋은 영향을 줄까 걱정스럽기도 하고."

마지막으로 한 번 더 요청하고 싶은 핵심 메시지를 반복한다.

"그러니까 내가 의견을 제시하면 긍정적인 반응을 먼저 해 주면 좋겠어."

단지 순서만 바꿨을 뿐이지만 훨씬 더 핵심이 잘 드러난다. 자신을 향한 비난보다는 부탁이나 요청으로 받아들일 확률이 높아진다. 이 말을 듣고 '내가 그런 면이 있기는 한 것 같아. 속상했겠네. 앞으로는 수용하는 자세로 의견을 들어야지.'라는 결심하는 마음이 생길 것이다.

메시지가 명확한 사람은 단지 자기주장이 센 사람, 말로 이기는 사람이 아니다. 자기 자신을 잘 알고 있는 사람이다. 내 마음과 생각을 분명하게 파악하고 있으며, 이를 자신만의 언어로 정리해 적절하게 잘 표현할 수 있는 사람이다. 자신을 잘 알고 있는 사람은 어떠한 상황에서도 내면과 외면의 일관성을 가지고 이야기한다. 그게 가장 솔직한 자신의 모습이기에 나를 나로서 건강하게 표현한다. 내 생각의 핵심을 아는 사람만이 상대방까지도 고려해 그에게 잘 들릴 수 있는 언어로 명확하게 전달할 수 있다. 교통정리가 필요 없을 만큼 질서 정연한 차들과 뻥 뚫린 도로를 상상해 보자. 일관되고 명확한 의사소통은 막힘없는 도로처럼 우리의 대화를 시원하게 만들어 준다.

하루 한 문장, 우아하게 말하기 실천 팁

내 마음을 명확하게, 상대에게는 편안하게!

- "제 생각은 이렇습니다. 혹시 다른 의견이 있으시다면 듣고 싶어요."
- "이건 정말 마음에 들어요. 괜찮으시다면, 기꺼이 감사히 받을 게요."
- "제 의견은 이렇고, 그 이유는 이러해요. 예를 들면 이런 상황이 있었거든요."

명확함에 배려를 더할 때, 말은 우아한 힘을 갖게 된다.

언제나 상대를 배려하는
단어를 선택하라

『구름빵』이라는 그림책으로 유명한 백희나 작가의 작품 중에 『장수탕 선녀님』이라는 책이 있다. 백희나 작가의 몇몇 작품이 뮤지컬로 만들어져서 아이들과 함께 보러 간 적이 있다. 그중에서도 〈장수탕 선녀님〉 뮤지컬을 재미있게 보았고, 특히 OST가 마음에 들어 차 안에서 자주 따라 부르곤 했다.

작품 속 '장수탕'은 요즘의 스파 시설과는 다른 오래된 대중목욕탕이다. 주인공 덕지는 엄마를 따라 어김없이 장수탕에 가지만, 사실은 새로 생긴 스파랜드에 가고 싶은 마음이 굴뚝 같다. 그럼에도 고집을 부리지 않는다. 친구들이 "왜 엄마에게 가고 싶다고 말을 못 하니?"라고 묻자, 덕지는 "말을 못 하는 게 아니라 안 하는 거야. 책에서는 그런 걸 '배려'라고 하거든?"이라고 당당히 말한다. 덕지의 그 말 한마디가 마음에 깊이 남았다. 자신의 욕구를 표현할 수 있음에도, 상대를 '먼저' 생각해 말을 조절하고 절제하는 것, 그것이 바로 배려가 담긴 말하기다.

언론에 가끔 언급되는 H 기업을 대상으로 미디어 트레이닝 교육을 진행한 적이 있다. 기업에 좋은 일이나 좋지 못한 이슈가 있을 때 홍보실 직원이나 임원 등 기업을 대표해 인터뷰에 나서는 이들이 카메라 앞에서 효과적으로 말할 수 있도록 돕는 교육이다. 이 교육에서 뉴스 인터뷰의 특징을 설명하며 늘 빠뜨리지 않고 강조하는 것이 있다. 바로 방송 언어의 기준을 '14세 수준'에 맞추라는 것이다. 중학교 1~2학년 정도의 시청자도 쉽게 이해할 수 있을 정도의 단어와 문장을 사용해야 한다는 의미다.

기업을 대표해 인터뷰에 나서는 대변인은 보통 나이와 경력, 그리고 전문성을 두루 갖춘 인물인 경우가 많다. 이들은 자신의 분야에서 오랜 시간 일해 온 만큼 전문 용어를 자연스럽게 사용하는 데 익숙하다. 하지만 자신에게는 익숙한 표현이 처음 방송을 접하는 시청자에게는 낯설고 이질적으로 느껴질 수 있다. 이 점을 고려해 관련 배경지식이 없는 사람도 쉽게 이해할 수 있도록 단어를 선택하고 문장을 구성하는 것이 중요하다. 남녀노소 누구나 편안하게 받아들일 수 있는 언어를 써야만, 내 이야기가 청중에게 부담 없이 정확하게 전달될 수 있다.

또한 강의를 할 때는 청중과의 유대감을 높이기 위해 그들이 일하는 현장에서 자주 쓰는 용어나 익숙한 이야기를 의도적으로 언급하기도 한다. 나에게는 낯설더라도 청중에게 친숙한 단어를 사용하면 자연스럽게 공감대가 형성되기 때문이다. 사용하는 언어를 통해 청중으로부터 '우리 상황을 잘 이해하고 있구나'라는 인식을 얻으면, 소통이 한층 원활해지고 강의의 몰입도 역시 높아진다. 정보를 이해하는 수준에 맞추어 때로는 쉽게, 때로는 깊이 있게 적절한 단어를 선택하는 것은 듣는 이를 배려하는 훌륭한 방법이다. 일상에서 누구를 만나든 말을 꺼내기 전 상대방의 상황을 먼저 생각한다면, 더 알맞은 단어를 선택하고 잘 다듬어 말할 수 있을 것이다.

이미지나 스피치 코칭에서는 언제나 수강생을 향한 섬세한 피드백이 필요하다. 피드백은 상대방의 성장을 위한 것이기에 단순한 칭찬으로 끝날 수는 없고, 반드시 보완할 점을 함께 전달해야 한다. 이때 중요한 것은 부족한 부분을 지적할 때조차 단어 하나를 신중하게 선택해 상대가 낙담하거나 부정적인 감정에 빠지지 않도록 배려하는 것이다.

예를 들어, "이래서 안 좋아요.", "이게 너무 큰 단점이에요."처럼 단정적이고 부정적인 표현보다는 "이 부분을 이렇게 바꾸면 더 좋아질 거예요.", "이런 방식으로 보완하면 훨씬 매력적으로 보일 수 있어요."와 같이 긍정적인 방향을 제시하는 표현이 훨씬 효과적이다.

실제로 교육을 의뢰한 기업이나 기관의 관계자 중에는 수강생의 빠른 변화를 위해 좀 더 직접적이고 강한 피드백을 요청할 때도 있다. 그러나 대부분의 사람은 자신의 부족한 점을 이미 어느 정도 인지하고 있으며, 그것을 받아들일 준비가 되어 있지 않은 경우도 많다. 이럴 때 너무 몰아붙이듯 지적하면, 마음이 위축되거나 상처를 받을 수 있다. 따라서 피드백을 전달할 때는 편견이나 비판이 담긴 단어보다는 상대가 객관적으로 자신을 인식할 수 있도록 돕고, 동시에 변화에 대한 기대감을 가질 수 있는 언어를 선택하는 것이 중요하다.

얼마 전 아들의 생일을 맞아 이탈리아 가정식 코스 요리를 제공하는 레스토랑을 방문했다. 우리 가족은 별도의 작은 룸으로 안내받았는데, 문이 닫힌 채 식사를 하다 보니 다소 답답하게 느껴졌다. 식사 도중 아들이 화장실에 다녀왔고, 지루해하던 딸도 오빠를 따라 방을 나섰다. 그런데 곧바로 "밖으로 나가면 안 됩니다."라는 직원의 단호한 제지를 받았다. 아이들을 걱정한 조치였다는 건 이해되지만, 무표정한 말투에 아이들이 꽤 놀란 눈치였다.

안전이 위협받는 긴급한 상황이 아니라면, 부정적인 표현 대신 긍정적인 말로 거절을 전할 수도 있다. 예를 들어, 전시된 제품을 무리하게 만지려는 고객에게 "만지시면 안 돼요."라고 말하는 대신, "고객님, 전시 상품이라도 손상 위험이 있어서요. 죄송하지만 눈으로만 봐주시거나 조심히 다뤄주시면 감사하겠습니다."라고 말할 수 있다. '안 된다'는 부정의 언어인 반면, '조심히 다뤄 주세요'는 긍정의 메시지를 담고 있다. 여기에 '죄송하지만' 같은 공손한 표현을 덧붙이면, 상대의 기분을 해치지 않으면서도 원하는 행동을 유도할 수 있다.

청유형 문장을 활용하는 것도 배려 있는 말하기의 한 방법이다. "~할 수 있을까요?", "~해 주시겠어요?"처럼 질문 형식을 갖춘 문장은 겉으로는 질문처럼 보이지만, 실제로는 부탁이나 요청의 의미를 담고 있다. 같은 내용이라도 "~해!", "~하세요."처럼 단정적인 말보다 청유형 표현은 상대방의 선택을 존중한다는 인상을 주어 소통을 더 부드럽게 만든다.

지위가 높거나 다소 어려운 상대에게는 자연스럽게 청유형 표현이 나오는 반면, 배우자나 자녀처럼 편하게 느끼는 사람에게는 무심코 명령조나 지시적인 말을 사용하게 되는 경우가 많다. 예를 들어, "쓰레기 좀 버려.", "빨리 여기 물건 좀 정리해."라는 말 대신 "아들, 쓰레기 좀 버려줄 수 있어?", "여보, 여기 있는 물건 정리해 줄 수 있어요?"라고 표현해 보면 어떤 느낌일까? 처음엔 가족들이 "어디서 강의 듣고 왔어?", "왜 이렇게 어색하게 말해?" 하고 웃을지도 모른다. 하지만 이런 말하기가 반복되다 보면 이전보다 훨씬 기분 좋고 부드럽게 소통할 수 있게 될 것이다.

바이올리니스트 한수진 씨는 세계적인 권위를 자랑하는 비에니

아프스키 국제콩쿠르에서 최초의 한국인이자 최연소 수상자로 이름을 알린 우리나라 대표 연주자다. 전설적인 바이올리니스트 기돈 크레머Gidon Kremer는 그녀를 두고 '비범한 테크닉과 풍부한 표현력으로 진정성이 느껴지는 인상 깊은 연주자'라고 평했다.

그 뛰어난 재능 뒤에는 잘 알려지지 않은 비밀이 하나 있다. 그녀는 태어날 때부터 왼쪽 귀가 들리지 않았다. 바이올린 소리를 가장 가까이에서 듣게 되는 쪽이 아닌 반대쪽 귀로 소리를 들어야 했던 것이다. 이로 인해 처음부터 남들과는 다른 방식으로 연주했고, 그것이 오히려 자신만의 독특한 음색을 만들 수 있는 큰 축복이었다고 고백하는 이야기를 들은 적이 있다.

실제 연주를 들어보니, 감정 표현이 탁월하다는 평가 그대로였다. 선율이 파도처럼 밀려와 깊은 울림을 전해줬다. 어쩌면 그녀는 자신의 입장이 아니라 청중의 위치에서 소리를 듣고 표현하기에 그 울림이 더욱 강렬하게 다가오는 것이 아닐까 생각했다. 마치 상대의 입장에서 배려한 말이 더 명확하고 진정성 있게 전달되는 것처럼 말이다.

'내가 선택한 단어가 오해를 일으키진 않을까?'
'이 표현이 상대의 기분을 상하게 하진 않을까?'
'내 말이 잘 전달될까? 더 좋은 표현은 없을까?'

말을 하기 전, 또는 말하는 중간에 이런 질문을 자기 자신에게 던져보는 일. 그것이 배려 있는 한마디를 위한 출발점이다. 입 밖으로 나오는 말이 자연스럽게 배려로 물들기 시작하면, 칭찬은 물론 제안, 요청, 거절조차도 더 이상 어렵지 않은 일이 된다. 이처럼 말을 가꾸려는 우리의 보이지 않는 노력은 결국 상대에게 '기분 좋은 감정'과 '존중받는 느낌'으로 또렷이 전달될 것이다.

💬 하루 한 문장, 우아하게 말하기 실천 팁

부정이 아닌 긍정의 표현으로, 명령이 아닌 청유의 표현으로

- "그 물건 세게 만지지 마세요."
→ "그 물건은 조심히 다뤄주시면 감사하겠습니다."

- "급하니까 빨리 이것 좀 해!"
→ "지금 상황이 조금 급한데, 서둘러 도와줄 수 있을까?"

- "그렇게 늦게까지 자지 마."
→ "내일 피곤하지 않으려면 오늘은 조금 일찍 자는 게 어때?"

작은 말투의 변화가 관계의 온도를 바꾼다.

자연스럽지만
절제된 제스처를 취하라

얼마 전 강의를 마친 뒤, 교육 담당자로부터 스무 장가량의 사진을 전달받았다. 강의 현장에서는 자료용으로 남길 사진을 요청하는 편인데, 이렇게 사진이나 영상을 받을 때마다 마음 한쪽에 긴장감이 인다. 다른 이들의 몸짓 언어를 컨설팅하는 입장에서 나 역시 본보기가 되어야 하기에 내 자세와 제스처를 점검하는 기회가 되기 때문이다. 다행히 이번에 받은 사진 속 내 모습은 이전보다 훨씬 편안하고 자연스러워 보여 안도할 수 있었다.

제스처는 비언어적 의사소통의 한 형태로 말로 전달하고자 하는 메시지를 몸짓이나 손짓을 통해 효과적으로 전달하는 표현 방식이다. 예를 들어 '이쪽'이라는 말을 생략하고 손가락이나 손바닥으로 방향을 가리키면, 상대는 즉각 그 의미를 파악할 수 있다. 때로는 말보다 더 빠르고 명확하게 메시지를 전할 수 있는 것이 바로 제스처다. 강조하고 싶은 단어가 있을 때, 그 타이밍에 맞춰 제스처를 취하면 말의 의미를 더욱 분명하게 각인시킬 수 있다.

제스처는 내용의 이해를 돕는 역할 이외에 제스처를 취하는 사람에 대한 이미지를 형성하는데도 영향을 끼친다. 한때 나는 겨드랑이를 딱 붙인 채로 서 있거나, 그 상태에서 제스처를 취하는 습관이 있었다. 낯선 누군가와 이야기할 때 몸과 팔을 최대한 붙이거나 감싸는 자세가 편하게 느껴지고, 상대방에게 과한 느낌을 주지 않는다는 생각이었다.

조심스럽고 차분한 성향이라면 나처럼 자기 몸을 오픈하지 않는 듯한 자세, 몸과 팔이 밀착된 제스처를 취하는 경우가 많다. 손을 뻗거나 크게 움직이는 것이 쑥스럽기도 하고, 과한 제스처는 상대방을 부담스럽게 한다는 생각이 들어서다. 물론 과하다는 생각은 자신만이 느끼는 지극히 주관적인 감정이다. 오히려 팔과 겨드랑이 사이에 공간이 없는 자세를 유지하게 되면 상대방이 볼 때 소극적이거나 위축된 느낌을 줄 수 있다. 나의 이 습관을 인지한 후로는 나는 가만히 서 있을 때 허리 근처에 팔꿈치를 걸치거나 양팔을 겨드랑이에서 살짝 떼어 양손을 배꼽 근처에 모으는 자세를 취하고 있다. 이 자세가 훨씬 더 자연스럽고 편안한 느낌을 전달한다.

반대로 제스처가 두드러지는 사람도 있다. 외향적이거나 활발한 성향의 소유자는 팔을 들어 올리거나 뻗는 자세, 반복적인 제스처를 취하는 것이 어렵지 않다. 몸과 팔을 확장하는 것을 편안하게 느낀다. 하지만 몸 밖으로 크게 벗어난 제스처를 정돈되지 않은 형태로 자주 반복하면 상대방이 볼 때 산만하거나 지나치게 강하다는 느낌을 줄 수 있어 절제가 필요하다. 제스처를 허리부터 코끝까지의 범위 안에서 활용하되 한 번씩 팔을 허리 근처로 가져와 쉬는 시간을 가지는 것이 좋다. 크기와 횟수가 절제된 제스처는 보기에 훨씬 단정하고 편안하다.

날리니 앰바디Nalini Ambady 교수는 하버드대학교에서 교수들의 호감도를 측정하는 흥미로운 연구를 진행했다. 대학생들에게 13명의 교수가 강의하는 장면이 담긴 10초 분량의 영상을 보여 주고, 그에 대한 호감도를 평가하게 했다. 이때 영상에는 음성이 모두 제거되어 있었고, 오직 시각적인 정보만으로 판단해야 했다.

이후 동일한 교수들의 수업을 한 학기 동안 직접 수강한 학생들을 대상으로 다시 호감도 조사를 실시했다. 놀랍게도 단 10초 동안 화면만 보고 평가한 결과와 한 학기 수업을 듣고 평가한 결과가 거의 일치했다. 고개를 끄덕이는 동작이나 밝은 미소는 호감도를 높이는 긍정적인 요소로 평가되었고, 반대로 눈살을 찌푸리거나 손을 만지작거리는 모습은 부정적인 인상을 주는 요소로 작용했다. 이 연구는 비언어적 표현이 호감도에 얼마나 큰 영향을 미치는지를 잘 보여 주는 중요한 사례다.

학교에는 학생들을 진심으로 잘 가르치고자 하는 마음과 뛰어난 전문성을 갖춘 훌륭한 교수들이 많다. 그러나 자신이 사용하는 제스처가 어떤 인상을 주는지, 그 영향력을 인지하고 실천하는 경우는 상대적으로 적을 수 있다. 앞으로 긍정적인 제스처를 의식적으로 활용한다면 학생들의 신뢰를 얻는 동시에 전달하고자 하는 내용의 설득력도 한층 높아질 것이다.

대부분의 사람은 말할 때 자신이 편하게 느끼는 제스처를 무의식적으로 사용한다. 말하는 중에 어떤 제스처를 얼마나 사용하는지 스스로 인식할 기회가 많지 않기 때문이다. 그러나 자신의 모습을 직접 확인하는 것만큼 효과적인 학습방법은 드물다. 그래서 개인 스피치 코칭을 진행할 때면 항상 교육생들의 발표 장면을 영상으로 촬영한 뒤, 함께 모니터링하는 시간을 갖는다. 단순히 말로 피드백을 전하는 것보다 녹화된 영상을 함께 보며 피드백을 나누는 방식이 훨씬 더 효과적일 뿐만 아니라, 학습자도 내용을 더 잘 이해하고 수용할 수 있다.

대기업 임원인 P 씨의 사업 발표 프레젠테이션을 코칭한 적이 있다. 그는 말이 자연스럽고 전달력도 뛰어났지만, 의미 없는 제스처의 반복으로 발표가 다소 산만하게 느껴지는 면이 있었다. 아마 본인은 그 습관을 인지하지 못했을 것이다. 그래서 무의식적으로 반복되는 제스처보다는 전달하고자 하는 내용의 명확성과 청중의 이해를 돕기 위한 절제된 제스처의 사용을 제안했다. 자기중심의 제스처에서 청중 중심의 제스처로 인식을 전환할 수 있도록 도와드린 것이다. 제스처에 대한 피드백 실제 발표에 적용한 후, 그의 프레젠테이션은 듣는 이와 보는 이 모두에게 훨씬 더 매력적으로 변화했다. 이처럼 제스처의 중요성을 인식하고 자신의 표현 방식을 객관적으로 바라볼 수 있다면, 변화는 놀라울 만큼 빠르게 일어난다.

얼마 전 유튜브에서 개그맨 A 씨와 동료들이 출연한 영상을 보게 되었다. 그는 평소 후배 개그맨들을 진심으로 아끼고 돕는 것으로 잘 알려져 있으며, 따뜻한 성품 덕분에 동료 방송인들이 그에 대한 존경심을 표현하는 장면도 자주 보았다. 그런데 방송에서 그가 사용하는 제스처를 보고 다소 아쉬운 마음이 들었다. 함께 출연한 이들과 편한 관계인 것은 분명했지만, 말할 때마다 손가락으로 상대방을 가리키는 모습이 자주 포착되었기 때문이다.

역시 방송 이후 올라온 댓글들에서도 손가락 제스처가 자주 등장해 보기에 불편했다는 반응이 여럿 있었다. 나는 A 씨가 평소 어떤 태도와 마음가짐으로 사람들을 대하는지에 대한 사전 정보를 알고 있었기에 그의 성품을 오해하지 않을 수 있었다. 하지만 그런 정보 없이 영상을 접한 시청자에게는 그가 후배들을 무시하거나 함부로 대하는 사람으로 비칠 수 있겠다는 생각에 안타까운 마음이 들었다.

한 연구에 따르면, 동일한 내용을 말하더라도 손가락을 사용하는 사람에게는 28%만이 호감을 느끼는 반면, 손바닥 전체를 보여 주며 말하는 사람에게는 무려 84%가 호감을 느낀다고 한다. 예로부터, 손바닥을 드러낸다는 행위는 '내 손에 무기가 없다', '당신에게 위협이 없다'는 뜻으로 여겨져 왔다. 중요한 비즈니스 자리에서 손을 내밀어 악수하고, 함께 사진을 찍는 행위 역시 서로에 대한 경계심을 누그러뜨리고 협력적인 관계로 나아가겠다는 의지가 담긴 상징적 제스처다.

손바닥을 자주 보여 주는 동작은 상대에게 열린 마음을 표현하고, 다가가고자 하는 우호적인 태도를 전달하는 데 효과적이다. 특히 처음 만나는 사람과의 일상 대화에서도 손가락으로 직접 가리키기보다는 손 전체를 사용하고, 손가락은 가지런히 모으는 제스처를 취해 보자. 팔과 손에 힘이 빠져 축 늘어진 모습이 아니라 적당한 긴장감으로 부드러운 곡선을 만들며 둥글게 표현하는 것도 중요하다. 무뚝뚝하다는 말을 자주 듣는 사람이라도 이런 제스처를 통해 훨씬 부드럽고 친근한 인상을 줄 수 있을 것이다.

마음의 진실을 전달하면서도 깊이 공감하는 마음을 표현할 때 사용할 수 있는 제스처는 바로 가슴에 손을 올리는 제스처다. 이 동작은 내가 하는 말이 심장에서부터 나온다는 메시지를 전달한다. 진짜 감사한 마음이 들었을 때 나도 모르게 가슴 근처에 손을 올리게 되는 경우가 있다. 편안하고 부드러운 목소리로 18년 동안 KBS〈아침마당〉을 진행한 이금희 아나운서는 공감 능력이 탁월한 진행자로 잘 알려져 있다. 이금희 아나운서의 사진이나 출연 영상에서 가슴 근처에 손을 가져가 이야기하는 모습을 자주 볼 수 있다. 마이크를 양손으로 쥐고 말하는 모습조차 두 손을 가슴에 얹고 경청하는 느낌으로 다가온다. 말하는 내용과 표정에 제스처까지 더해져 진심으로 이야기를 듣고 공감한다는 느낌을 전달한다. 진행자로서 상대방의 마음을 편안하게 하는 한 가지 비결이 아닐까 생각한다.

만약 대화 중에 자신의 진심을 꼭 전달하고 싶은 순간이 있다면 "정말 감사합니다.", "정말 죄송합니다."라는 말과 함께 가슴에 손을 얹고 이야기해 보자. 우리의 마음을 더욱 확실하게 전달할 수 있을 것이다.

당당하면서 부드럽고, 침착하면서 단단한 느낌을 주는 사람들은 그들의 행동과 태도로 어떠한 사람인지를 보여 준다. 편하지 않은 상황이나 긴장되는 상태에서도 그 몸짓과 손짓이 급하거나 산만하지 않다. 자연스럽지만 절제되어 있으며, 상대방을 향한 공감이 담겨 있다. 동작에서부터 우아함이 느껴진다. 우리가 스스로 알아차리지 못하는 상태에서 나타나는 행동을 조금씩 줄이고, 상대방에게 호감의 신호를 줄 수 있는 긍정적인 제스처를 시도해 보자. 어느새 부드러운 카리스마를 갖추어가는 모습을 발견하게 될 것이다.

💬 하루 한 문장, 우아하게 말하기 실천 팁

꼭 알아야 할 제스처의 원칙

1. 팔과 겨드랑이 사이에 적당한 공간을 두자.
2. 손가락보다는 손 전체를 활용하자.
3. 무의식적인 제스처는 줄이고, 상대의 이해를 돕는 제스처를 의식적으로 사용하자.

말투를 가꾸듯, '몸의 언어'도 단정하게 가꾸는 사람이 품격을 만든다.

상대방에 따라
말하기 스타일을 조율하라

'통通하지 않으면 통痛한다'는 말이 있다. 유네스코 세계기록 문화 유산으로 등재된 『동의보감』에 나오는 구절이다. 이 말의 뜻은 무엇일까? 한의학적으로 보면, 우리 몸의 순환이 원활하지 않으면 어딘가에 통증이 생긴다는 의미다. 혈액의 흐름이 막히면 곧 고통으로 이어진다. 그러나 이 말은 단지 신체 건강에만 해당하는 것은 아니다. 인간관계 역시 소통이 막히면 오해가 생기고, 그로 인한 마음의 고통이 뒤따른다.

말하기와 관련한 강의를 할 때면 교육생들의 소통 스타일을 진단할 때가 있다. 나 자신을 파악해야만 내가 가진 장점을 살리면서 단점을 보완해 갈 수 있기 때문이다. 소통 스타일은 크게 성취형, 분석형, 표출형, 우호형 네 가지로 분류된다.

성취형: 카리스마 있는 스피커로서 어떤 이야기든 단도직입적이고 솔직하게 전달하는 것이 특징이다. 요점과 핵심을 분명하게 짚는 데 능하며, 공적인 말하기 자리에서 군더더기 없이 깔끔하고 전문적인 인상을 준다. 표정은 많지 않으면서 제스처는 크고 명확한 편이라 상대에게 강한 인상으로 비칠 수 있다. 상대방이 말을 길게 하거나 핵심을 바로 전달하지 않으면 중간에 "그래서?", "결론이 뭔데?"라며 말을 끊는 경우도 있다. 끝까지 경청하는 데 어려움을 느끼는 편이다.

분석형: 논리적인 스피커. 생각을 조리 있게 펼쳐 나가기 때문에 사람들에게 신뢰감을 주며, 예의와 격식을 갖춘 말하기를 중요하게 여긴다. 이성적이고 차분한 말투는 상대방에게 지적이고 신중한 인상을 남긴다. 다만 필요 이상으로 세세하게 설명하는 경향이 있어, 듣는 이로 하여금 지루함을 느끼게 할 수 있다. 상대의 이야기에 공감하기보다는 분석하거나 조언, 해결책을 제시하는 데 집중하는 편이다.

표출형: 어디서든 분위기를 띄우는 달변가로 표정과 몸짓을 통해 자신의 감정을 풍부하게 표현한다. 감성적인 언어로 사람들의 몰입을 끌어내는 능력이 뛰어나다. 하지만 이야기하는 데 지나치게 몰입하거나 말이 길어져 이야기를 독점하는 경우가 있다. 요점을 놓쳐 핵심 전달이 약해지는 단점도 있다.

우호형: 배려심이 깊은 스피커. 언제나 상대방의 감정과 생각을 고려하여 대화를 이끌어간다. 상대의 말에 자연스럽게 공감하며, 부드럽고 여유 있는 분위기 속에서 쌍방향 소통을 잘 형성한다. 하지만 때로는 상대를 지나치게 배려한 나머지 눈치를 보

거나, 자신의 의견을 명확하게 표현하지 못하는 경우도 있다. 소통의 중심을 상대에게만 두기보다는 자신의 생각과 감정도 균형 있게 전하는 연습이 필요하다.

아마 이 네 가지 유형 중에서 어느 유형에 더 가까운지를 스스로 파악해 볼 수 있을 것이다. 모든 유형은 장단점이 동시에 존재한다. 장점을 살리는 것은 쉬우나 단점을 보완해 가는 것은 우리의 노력과 의지가 필요하다.

'성취형'이라면 자신의 의도와 상관없이 상대방에게 지시적, 명령적인 느낌을 주지 않도록 신경을 쓰는 것이 좋다. 강한 느낌을 부담스러워하는 사람에게는 따뜻한 표정과 비언어로 부드러운 인상을 전달할 수 있겠다. 결론을 말하기까지 오래 걸리는 상대방의 말을 중간에 끊지 않고 끝까지 들어주는 태도를 갖추는 것이 대화를 잘 나눌 수 있는 좋은 방법이다.

'분석형'에 해당하는 사람이라면 대화를 나눌 시간이 넉넉하지 않은 상대방을 위해 이야기를 핵심 위주로 간단히 정리해서 말해 볼 수 있다. 힘든 일을 겪은 친구에게 당장 입 밖으로 튀어나오는 분석과 비판의 말보다는 힘든 감정을 헤아리는 공감의 말을 던지는 것 역시 너무나 중요하다.

'표출형'인 경우에는 모임의 자리에서 누군가 자신의 이야기를 하지 못하거나 소외되고 있지는 않은지 살펴보는 것이 좋다. 또한 일과 관련해 핵심을 명확하게 전달해야 하는 경우, 말하기 전에 요점을 정리해 보고 간단히 줄여서 말하는 훈련을 해 보는 것이 도움이 된다.

마지막으로 '우호형'이라면 중요한 문제를 결정하는 자리에서 지나치게 눈치를 보지 말고 자신의 의견을 솔직하게 전달해야 한다. 애매모호한 태도와 말로 답변을 하게 되면 상대방이 헷갈리거나 오해할 수 있고 의사결정이 지연될 가능성이 있기 때문이다.

우리는 각자 자신만의 소통 스타일을 가지고 있다. 어떤 스타일만이 정답이거나 우월한 것은 아니다. 그래서 일방적으로 한 사람만 노력해야 하는 것이 아니라 각자 그 자리에서 한 걸음씩 상대방을 향해 맞추려는 노력이 필요하다. 나를 알아달라고, 나를 인정해 달라고 주장하는 것이 아닌 서로 수용하고 배려하는 모습에서 오해와 갈등이 사라지게 된다. 상대방에게 맞춘다는 것 자체에 거부감을 느끼는 사람도 있다. "나는 원래 이런 사람인데, 왜 복잡하게 나를 바꾸고 상대방 신경을 써야 하는가, 오해하는 그 사람이 잘못이다."라며 투덜대는 경우도 보았다.

대화는 화자話者**의 수사학이 아니라 청자**聽者**의 심리학**이라고 한다. **말은 내 입을 떠나는 순간부터 더 이상 내 것이 아니라 듣는 이의 것이 된다.** 단순히 말을 했다는 사실로 끝나는 것이 아니라 그 말이 **왜곡 없이 전달되어 내가 의도한 그대로 상대방에게 받아들여지는 것까지가 진정한 소통의 완성**이다.

상대방의 귀에 잘 들리게 말하는 것만큼이나 그 말이 어떻게 해석되고 어떤 감정으로 받아들여질지를 고려하는 태도는 매우 중요하다. 바로 그런 마음으로 대화할 때, 우리는 누구와도 원활하고 깊이 있게 소통할 수 있다.

유럽 명품 여행가방 매장에 미스터리 쇼퍼로 방문한 적이 있다. 미스터리 쇼퍼는 고객인 척 매장을 방문해 전체적인 서비스와 매장 환경 등을 점검하고 평가하는 역할이다.

매장에 들어서자마자 한 여성 직원이 상품을 설명하고 안내해 주었는데, 고객을 대하는 태도와 친밀감, 진정성 면에서 내가 경험한 서비스 중 가장 인상 깊었다. 그 직원은 내 걸음 속도에 맞춰 적당한 거리를 유지하며 천천히 동행해 주었고, 그 배려 덕분에 함께하는 내내 편안함을 느낄 수 있었다. 내가 관심을 보이는 부분에 대해서는 자세히 설명해 주었고, 그렇지 않은 부분은 간결하게 정리해 마무리했다.

그녀가 상대방에게 얼마나 관심을 기울이는지, 자신의 말하기 방식을 얼마나 섬세하게 조율하고 있는지가 분명하게 느껴졌다. 뿐만 아니라 자신의 말이 어떻게 받아들여지는지를 살피며 대화를 이어가는 점도 특별하게 다가왔다.

"고객님, 제가 저희 제품을 워낙 좋아하다 보니 이야기를 하면서 속도가 조금 빨라질 수 있습니다. 실제로도 빠른 편인데요, 들으시기에 불편하지 않으신가요? 혹시 빠르게 느껴지시면 조금 더 천천히 말씀드리겠습니다."

그 말 한마디에 단순한 고마움을 넘어 본받고 싶다는 마음이 들었다. 그분 덕분에 해당 브랜드의 고객 서비스에 대해 진정성 있는 긍정의 피드백을 전할 수 있었다.

지난여름, 가까이 지내는 L 씨 가족과 함께 강원도 바닷가로 여행을 떠났다. 해수욕장 백사장에 텐트를 치고 있던 중, 허리가 구부러진 할머니 한 분이 감자떡을 팔기 위해 다가오셨다. 모두가 분주한 가운데 옆에 있던 L 씨가 할머니와 이야기를 나누기 시작했다. 그녀는 허리를 숙여 할머니의 눈높이에 맞췄고, 감자떡을 직접 만들었다는 이야기에 고개를 끄덕이며 진심 어린 태도로 경청했다. 평소 소곤소곤한 말씨에 작은 목소리를 가진 그녀였지만, 할머니의 귀가 어둡다는 것을 알아차린 순간, 평소보다 또렷하고 힘 있는 목소리로 천천히 말을 건넸다. 그녀를 20년 넘게 알고 지냈지만, 그날처럼 단단하고 따뜻한 목소리를 들은 것은 처음이었다. 자신의 스타일을 넘어서 상대를 배려하는 마음이 목소리에 그대로 담겨 있었다.

가족 치료 심리학자이자 의사소통 전문가인 버지니아 사티어는 "사람은 서로의 공통점 때문에 친하게 되고 차이점 때문에 성장한다."라고 말했다. 나와 비슷한 사람을 만나면 쉽게 친해질 수 있고,

더 잘 이해할 수 있을지 모른다. 비슷한 사람과 함께할 때 편하고 즐거운 점이 분명히 있다. 하지만 나와 다른 사람을 만나는 일 또한 우리에게 참으로 좋은 기회이다.

상대방을 이해하고 수용하는 과정에서 우리는 마음의 그릇을 넓히고, 한층 더 성장할 수 있다. 특히 자신의 부족함을 아는 사람이라면 누구와도 조화롭게 어울릴 수 있다. 나 역시 누군가에게 이미 이해받고 있다는 사실을 인정할 줄 알기 때문이다.

높은 마음이 아니라 낮은 마음으로 상대방을 바라보며 나의 말하기 스타일을 조율해 보는 것은 어떨까. 나와 다르기에 오히려 색다른 대화의 기쁨, 관계의 즐거움을 누릴 수 있으리라 기대한다.

💬 하루 한 문장, 우아하게 말하기 실천 팁

상대방에 따라 나의 말하기도 유연하게 달라지기

1. 성취형에게는 핵심만 간결하게 전달해 보세요.
2. 분석형에게는 예의를 갖추고 논리적으로 설명하세요.
3. 표출형에게는 감정과 리액션을 풍부하게 표현해 주세요.
4. 우호형에게는 따뜻하고 부드러운 말투로 다가가 보세요.

말은 결국 관계를 향한 다리다. 상대에게 맞춘 말하기는 그 다리를 더 단단하게 만들어 준다.

5장

우아함은 타고나는 것이 아니라 만들어진다

'우아함'은 타고난 성격이나 기질이 아닙니다. 자신을 이해하고, 자신을 다듬고자 하는 사람이라면 누구나 만들어갈 수 있는 태도입니다. 말은 내가 어떤 사람으로 살아가고 싶은지를 보여 주는 언어의 '나침반'입니다. 내 안의 언어를 바꾸면, 내 삶의 궤도 또한 달라집니다. 지금의 말과 태도가 미래의 나를 만들어갑니다. 우아한 삶은 결국 '말의 훈련'에서 시작됩니다.

당신만의 우아함이 반드시 있다

둘째 딸이 지금보다 조금 더 어렸을 무렵, 엄마의 사랑을 확인하고 싶을 때면 종종 이렇게 묻곤 했다.

"엄마, 누가 세상의 모든 보석을 다 준다고 하면서 나랑 바꾸자고 해. 그럼, 엄마는 바꿀 거야? 보석이 진짜 비싸. 다이아몬드도 있고 그래. 억만, 천만금이 넘는대." 그러면 나는 망설임 없이 이렇게 대답했다.

"아니, 보석 억만 개를 주어도 절대 안 바꾸지. 우리 딸이 엄마한테는 보석이거든. 이 세상에 딱 하나라서 어떤 보석을 준다 해도 절대 안 바꾸지." 아이는 엄마의 말을 듣고 기분이 좋아졌지만, 한편으로는 엄마의 논리를 완전히 이해하지 못하겠다는 듯한 표정을 지었다. 어린 마음에는 세상의 무수한 보석이라면 자신과 충분히 맞바꿀

만하다고 여겼을 테니 말이다. 엄마에게 있어 자신의 가치가 얼마나 큰지, 그 깊이를 짐작하기는 어려웠을 것이다.

나는 학창 시절, 새 학기가 되어 새로운 반 친구들을 만나고 나면 학교에서 돌아온 뒤, 늘 엄마에게 친구들의 장점을 이야기하기에 바빴다. 평소 나에게 없는 남들의 장점을 잘 발견하고 칭찬하는 편이었다. 그런데 친구들을 긍정적인 시선으로 바라보는 것은 분명 좋은 면이었지만 때때로 이상하게 내 마음이 속상했다. '나는 왜 저런 면이 없지?' 하는 비교와 부러움, 상실감이 찾아올 때가 있었다. 물론 지금은 타인과의 비교에서 꽤 자유로워졌고, 나만의 강점을 인정하며 마음이 한결 편해졌다. 그러나 이렇게 되기까지는 시간이 제법 오래 걸렸다. 아름답고 우아한 사람이 되고 싶다는 바람은 늘 있었지만, 그 모습이 '나로서의 우아함'이 아니라 '다른 누군가처럼' 되기를 바라는 방향으로 기울 때도 있었다.

우리는 종종 나 자신을 있는 그대로 좋아하기보다는 더 나은 누군가와 비교하는 마음으로 바라보기 쉽다. 좋은 롤 모델을 만나 닮아가려 노력하고, 긍정적인 영향을 받는 것은 유익함이 있다. 그러나 다른 사람과 비교해 나에게 없는 것에 집중하며 낙심할 필요는 없다. 우리 모두는 각자가 지닌 고유의 멋과 아름다움을 가지고 있다.

내가 생각하는 '우아한 사람'을 떠올려보자. 우아함에 대해 마음속에 그려지는 이미지나 기준이 있는가? 가녀린 체구에 고급스러운 소재의 옷을 걸치고, 걸음걸이나 몸짓이 여유로우며, 목소리와 눈빛은 부드러운 사람을 떠올리지는 않는가? 물론 이런 모습은 우아한 사람이 지닌 특징 중 하나일 수 있다. 그러나 혹시 내가 품고 있는 우아함의 기준이 외적인 요소에 치우치거나, 너무 좁게 설정된 것은 아닌지 생각해 볼 필요가 있다. 그리고 그 기준에서 벗어난 사람은 우아함과는 거리가 있다고 단정 짓고 있지는 않은지도 살펴보자.

'우아하다'라는 말의 사전적 정의는 '고상하고 기품이 있으며 아름답다'로 되어 있다. 여기서 '고상'은 품위나 몸가짐의 수준이 높고 훌륭하다는 뜻이며, '기품'은 인격에서 드러나는 훌륭한 성품을 의미한다. 마지막으로 '아름답다'는 보이는 모습이나 목소리 등이 균형과 조화를 이루어 눈과 귀에 즐거움과 만족을 주는 상태를 뜻한다.

이처럼 '우아함'은 단지 외모나 분위기 같은 겉모습에 국한되지 않는다. 그것은 균형과 조화, 태도와 품격에 관한 말이며, 타고난 요소보다는 스스로 가꾸고 길러갈 수 있는 성품의 영역에 가깝다.

방송인 최화정 씨는 유튜브 채널을 개설한 이후, 다양한 연령대의 구독자들로부터 일상과 삶의 태도로 큰 관심과 사랑을 받고 있다. 내게 있어 최화정 씨는 '우아한 사람'의 좋은 예다.

그녀는 늘 자신에게 잘 어울리는 옷차림으로 단정한 모습을 갖추며, 밝은 표정과 자신감 넘치는 에너지, 사랑스러운 성격으로 사람들의 마음을 사로잡는다. 무엇보다 그녀의 목소리와 말투에는 듣는 사람을 기분 좋게 하는 특별한 힘이 있다. 주위 사람들을 행복하게 만드는 그녀의 언어적 매력의 비결에 대해 묻자, 그녀는 이렇게 답했다. 그것은 바로 상대를 향한 '친절함'에서 비롯된다고.

친절한 대우를 받으면 누구나 기분이 좋아진다. 최화정 씨의 말투는 단순한 표현을 넘어, 마치 행동으로 우리를 친절하게 대하는 듯한 인상을 준다. 한 영상에서 "당신은 세상을 떠난 후, 어떤 사람으로 기억되고 싶은가?"라는 질문에 그녀는 '친절한 사람'이라는 평가를 받고 싶다고 답했다. '친절함'을 인생의 중요한 가치로 여기는 그녀이기에 말과 행동 속에서도 그 따뜻한 태도와 성품이 자연스럽게 배어 나올 수 있었던 것이다.

한국 배우 최초로 아카데미 여우조연상을 수상한 윤여정 씨 역시 자신만의 우아함을 지닌 인물이다. 수상 소식과 함께 그녀가 제93회 아카데미 시상식에서 입은 드레스 또한 큰 화제를 모았다. 심플하면서도 고급스러운 네이비 드레스는 그녀의 백발, 체형, 그리고 분위기와 조화를 이루며 깊은 인상을 남겼다. 하지만 이 드레스에 얽힌 뒷이야기는 더 흥미로웠다.

"난 공주가 아닙니다."라는 말과 함께 무려 250개의 고가 명품브랜드의 협찬을 모두 거절하고 자신이 직접 선택한 드레스를 입은 윤여정 씨. 시상식이란 자리에서 그저 화려함을 추구하기보다 자신의 취향과 실용성을 고려해 드레스를 선택한 그녀의 신념과 안목이 더욱 빛났다. 드레스뿐 아니라 수상소감 역시 국내는 물론 해외 언론에서도 찬사를 받았다. 자칫 무겁고 경직될 수 있는 시상식 자리에서 그녀는 특유의 재치와 솔직함, 그리고 겸손함으로 많은 사람에게 웃음과 감동을 선사했다.

그녀의 우아함은 유쾌하면서도 절제되어 있고, 동시에 위엄이 느껴지는 독특한 분위기를 지닌다. 알고 보니 그녀는 어릴 적 어머니로부터 '사람은 디그니티dignity, 즉 품위와 위엄이 있어야 한다'는 말을 들으며 자랐고, 그 가르침을 마음 깊이 새겼다고 한다. 윤여정 씨의 솔직함과 자연스러움은 자신을 과장하거나 포장하지 않으려는 태도에서 비롯된다. 어떤 자리에서든 늘 자기다움을 유지할 줄 아는 여유가 있고, 때로는 투박하게 느껴질 수 있는 말투에서도 상대에 대한 배려가 묻어난다.

그녀의 말과 태도, 외모에서 드러나는 가치관과 신념은 억지스럽지 않게 그녀만의 품격을 만들어 낸다. 그래서 유쾌한 농담 속에도 함부로 넘볼 수 없는 깊이와 아우라가 깃들어 있다.

마지막으로, 남성의 우아함을 떠올렸을 때 가장 먼저 생각나는 인물은 배우 차승원 씨다. 보통 우리가 떠올리는 '우아함'이 하얗고 부드러운 이미지라면, 차승원 씨는 그 반대편에 있는 듯한 외모를 지녔다. 뚜렷한 이목구비, 짙은 눈썹, 강한 남성성을 가진 그는 전형적인 '우아함'과는 거리가 있어 보일 수 있다. 그러나 그의 우아함은 멋진 외모나 세련된 스타일링만으로 생기는 게 아니다. 그것은 모든 일에 있어 '균형'을 유지하려는 태도에서 나온다. 균형을 추구하는 사람은 안정적으로 보이고, 그 안정감 속에서 진정한 우아함이 느껴진다. 그가 출연한 예능 프로그램 몇 편만 보아도, 겉으로 드러나지 않는 삶의 영역을 얼마나 소중히 여기며 정돈된 방식으로 살아가고 있는지 알 수 있다.

가족을 향한 깊은 애정, 일을 대하는 꾸준한 자기관리, 독서와 같은 고요한 시간의 가치를 중시하는 그의 모습은 외적인 강인함과 내적인 품격이 조화를 이루는 진짜 우아함을 보여 준다. 특히 〈유 퀴즈 온 더 블럭〉이라는 방송에 출연해서 한 말은 그의 가치관과 인격을 여실히 보여 주었다. 데뷔 후 36년간 엔터테인먼트 업계에서 일해 온 그는 커리어에 있어 중요한 네 가지가 있음을 깨달았다고 한다. 바로 '경쟁력 있는 실력, 경쟁력 있는 가격, 경쟁력 있는 성품, 경쟁력 있는 외모'였다. 이 중 경쟁력 있는 실력과 성품이 최고라는 조언을 건넸다. 다른 동료 배우들을 진심으로 존중하는 그의 태도가 우연이 아니라 오랜 시간 갖추어온 성품임을 확인한 순간이었다.

그는 언제나 상대가 원하는 것과 자신이 원하는 것, 그리고 자신이 할 수 있는 것과 할 수 없는 것 사이에서 끊임없이 균형을 추구해 왔다. 바로 그 균형감 있는 태도가 그만의 '우아함'을 만들어 낸 것이다.

내가 '우아함'이라는 주제로 언급한 세 사람은 흔히 떠올리는 전형적인 우아한 이미지와는 다소 다르게 느껴질 수 있다. 그런데도 이들의 태도와 삶을 종합해 보면, 분명 우아함이 전해지는 멋진 인물들이다. 그들은 자신을 잘 알고 있으며, 자신만의 스타일을 자연스럽게 표현한다. 거기에 더해 친절한 태도, 분명한 가치관, 균형 잡힌 삶의 자세를 갖추고 있다.

　혹시 스스로 '나는 우아함과는 거리가 멀다'고 생각하는 사람이 있다면 다시 생각해 보자. 우아함은 타고난 외모나 목소리에서만 나오는 것이 아니다. 그것은 태도에서, 성품에서, 그리고 자신만의 가치관 속에서 드러나는 삶의 방식이다. 우아함은 정해진 틀 안에 갇힌 모습이 아니라 자신을 이해하고 존중하는 태도에서 시작되는 '나만의 고유한 품격'이다. 우리는 누구나 이 세상에 단 하나뿐인, 고유하고 아름다운 '보석'임을 잊지 말자.

하루 한 문장, 우아하게 말하기 실천 팁

외모를 넘어서는 나만의 우아함을 찾기 위한 질문들

- "내 말속에는 배려와 친절함이 묻어나고 있는가?"
- "어떤 상황에서도 나는 나답고 자연스럽게 행동하고 있는가?"
- "나는 삶의 각 영역에서 균형을 이루기 위해 노력하고 있는가?"

자신에게 던지는 작은 '질문'이 삶의 '품격'을 바꾸는 시작이 될 수 있다.

우아함의 본질은 편안함이다

아이들과 동물원에 갔을 때, 연못가에 서 있는 홍학을 본 적이 있다. 붉은빛을 띤 깃털과 길게 뻗은 다리, 그리고 한쪽 다리로 균형을 잡고 서 있는 모습에 한참 동안 시선을 빼앗겼다. 그 자세는 마치 우아한 발레리나의 동작 같기도 하고, 한 폭의 예술 작품 같기도 했다. 한쪽 다리로 서 있는 것이 불편할 것 같지만, 홍학은 전혀 흔들림 없이 안정적이고 편안해 보였다. 그 모습에서는 어떤 불안함도 느껴지지 않았다.

홍학이 한쪽 다리로 서 있는 이유는 근육 사용을 최소화해서 에너지를 절약할 수 있기 때문이라고 한다. 또 물속에서의 체온 유지와 혈액순환에 도움을 주는 자세이기에 홍학에게는 아주 편안하고 효율적인 자세이다. 만약 홍학이 아름다운 깃털 색, 가늘고 긴 목과 다리를 가지고 있다고 한들 그 자세를 유지하기에 위태롭게 보였다면 과연 우리는 우아함을 느낄 수 있었을까. 모든 우아함은 그 자신이 먼저 편안하고 그 편안함이 타인과의 상호작용에 반영되는 것이다.

배우 최민수 씨의 아내인 강주은 씨는 요즘 남편보다도 더 활발하게 방송 활동을 이어가고 있다. 몇 년 전부터는 쇼호스트로도 활동하며 연 매출 600억 원을 달성, '홈쇼핑의 여왕'으로 자리매김했다. 예능 프로그램과 개인 유튜브 채널을 통해 보여 주는 그녀 특유의 우아한 말투는 많은 시청자의 호감을 얻고 있으며, '그녀처럼 우아하게 말하고 싶다', '닮고 싶다'는 반응도 자주 들려온다.

신기한 점은 그녀가 내추럴한 뽀글머리에 편안한 티셔츠를 입고 있어도 '우아하다'는 표현이 전혀 과하지 않다는 것이다. 심지어 가끔 문장 속에 거친 말이나 비속어가 들어가더라도, 불쾌하거나 거칠게 느껴지지 않는다. 이 모든 모습을 통해 우리는 다시금 깨닫게 된다. 우아함의 본질은 소재 좋은 옷이나 나긋나긋한 목소리, 빈틈없는 언어 사용에 있는 것이 아니라 말과 행동 너머에 있는 내면의 품격과 진심이 상대방에게 자연스럽게 전달되는 데 있다는 것을.

우리가 그녀의 말을 들을 때 우아함을 느끼는 이유의 상당 부분 역시 그녀의 목소리 톤과 속도, 표정 때문이다. 어느 누가 듣기에도 적절한 목소리 톤과 크기, 여유 있는 속도, 부드러운 표정이 상대방으로 하여금 편안함을 느끼게 한다. 그리고 그것이 실제 그녀의 내면과 성품을 잘 보여 준다.

우리는 목소리를 통해 상대방의 감정이나 마음, 태도를 알아차리게 된다. 심리학자 폴 에크만Paul Ekman은 연구를 통해 사람의 감정은 표정뿐 아니라 목소리에도 강하게 반영된다는 것을 밝혀냈다. 기쁠 때는 속도가 빠르고 톤이 높으며 밝고 생동감 있는 음색, 슬플 때는 속도가 느리고 톤이 낮으며 차분한 음색으로 나타난다. 분노는 강하고 높은 음량, 점차 빨라지는 음색으로 표현되며, 두려움은 떨리는 음성과 불규칙한 억양으로 드러난다. 목소리는 단순한 언어적 메시지 그 이상으로 감정을 전달하는 중요한 매체인 것이다.

사람은 대화를 통해 상대방의 진심을 파악하려 노력하는데 이 과정에서 목소리는 중요한 심리적 신호를 제공한다. 안정적이고 차분한 목소리는 상대방의 마음까지도 편안하게 만들어 주고, 따뜻하고 부드러운 톤은 친밀감을 형성한다. 반대로 떨리거나 불안정한 목소리는 상대방을 긴장시키고, 의구심을 갖게 할 수 있다. 실제로 스트레스나 우울증은 목소리에 명확히 드러난다고 한다. 스트레스 상태에서는 목소리가 떨리거나 불규칙해질 수 있고, 우울증이 있는 경우 목소리가 낮고 단조로워지는 경향이 있다. 우리의 마음 상태와는 다른 목소리로 자신을 꾸며내기란 쉽지 않다. 내가 편안할 때만이 편안한 목소리로 상대방에게 안정감을 전해 줄 수 있을 것이다.

진짜 우아함과 가짜 우아함을 구별해 내려면 위기 상황에서 그 사람이 어떻게 행동하는지 살펴보면 된다. 조금 전까지만 해도 침착하고 조용한 말투로 이야기하던 사람이 갑자기 다른 인격을 가진 사람처럼 돌변하는 모습을 본 적이 있을까. 부끄럽지만 내 이야기가 될지도 모르겠다. 나는 비교적 어떤 상황이 오더라도 크게 휘둘리거나 마음의 평정심을 잃는 편은 아니다. 그럼에도 감당하기 어려운 부정적인 상황이 펼쳐졌을 때 격양된 목소리로 말하거나 거친 말투가 나올 때가 있다. 편안하지 않은 마음에서 우아한 모습이 나오기란 참으로 어렵다.

우아한 모습으로 살고 싶다면 먼저 내 삶이 모든 면에서 균형을 이루고 있는지 살펴봐야 한다. 내 뜻과 상관없이 펼쳐지는 상황에서 불편하고 부정적인 감정을 느낄 때도 있지만, 이를 잘 조절하고 다스려 '편안함'에 이르도록 하고 있는지 점검해야 한다. 그리고 그 편안함을 잃어버리지 않고 유지하도록 매 순간, 꾸준히 노력하는 것이 필요하다.

우아함은 타고나는 것이 아니다. 걱정 하나 없이 평온하고 여유로운 환경 속에서 만들어지는 우아함은 맑고 순수할 수는 있지만, 그 뿌리가 단단하다고 말하기는 어렵다. 무엇보다 인생은 언제나 그렇게 호락호락하지 않다. 거친 돌밭길과 가시밭길을 지나면서도 마음의 평정을 지키기 위해 끊임없이 자신과 싸운 사람. 그리고 그 고요하고 단단한 마음을 타인에게까지 흘러가게 한 사람. 그런 사람만이 누구도 쉽게 가질 수 없고, 누구도 빼앗을 수 없는 진짜 우아함을 지니게 된다.

나는 예전엔 '편안하다'라는 말의 가치를 잘 몰랐다. "너와 함께 있으면 참 편안해.", "선생님과 이야기하면 마음이 차분해져요." 한때 이런 말들은 누구에게나 쉽게 할 수 있는, 특별함 없는 칭찬이라고 여겼다. 하지만 지금은 그 말들이 얼마나 값진 의미를 담고 있는지 서서히 깨닫고 있다.

바쁜 일상 속에서 스스로 편안함을 유지하는 일조차 쉽지 않지만, 그 편안함을 타인에게까지 전하는 것은 더더욱 어려운 일이라는 걸 알게 되었기 때문이다. 진정한 우아함이란, 단지 누군가에게 잘 보이고 싶은 이미지나 말하기 기술이 아니라 삶을 균형 있게 살아가기 위한 내면의 필수 덕목이 아닐까.

조급하게 서두르지 않고, 지나치게 재촉하지도 않는 여유 있는 태도. 짧은 순간 쉽게 감정에 휩쓸려 분노하거나 짜증을 내지 않는 차분한 모습. 상대방의 말을 조용히 귀 기울여 듣고, 그 감정을 헤아리며 살피는 태도. 그리고 주변의 모든 것을 따뜻한 시선으로 바라보는 모습. 이런 장면을 상상하는 것만으로도 마음이 편안해지고, 기분이 한결 좋아진다. 우아함은 바로 그런 편안함을 타인에게 자연스럽게 건네는 힘이다.

일과를 시작하거나 마칠 때 거울 앞에 앉아 보자. 거울을 보고 현재 나의 모습 속에 얼마만큼의 '편안함'이 스며있는지 살펴보자. 좁아진 미간을 펴고 행복한 상상을 하며 미소를 지어보자. 활짝 웃어도 좋다. 매일 거울을 들여다보는 시간을 외모를 단장할 뿐만 아니라 내 표정을 점검하는 순간으로 삼을 수 있다.

내 목소리는 어떨까. 필요하다면 목소리를 녹음해서 어떤 느낌을 전달하는지 확인하는 것도 좋다. 차가운 느낌이 아니라 따뜻하고 편안한 느낌을 전달하고 있는가. 목소리 톤을 조금 낮게도 높게도 만들어 보며 그 안에 감정을 잘 담아 말해 볼 수 있다. 마지막으로 깊이 숨을 들이마셨다가 내쉬며 나 자신과 타인을 수용하는 마음과 눈빛으로 바라보자. 우아함은 스킬이 아니라 매일의 습관으로 만들어진다.

 하루 한 문장, 우아하게 말하기 실천 팁

표정은 편안하게, 목소리는 안정감 있게, 속도는 여유롭게!

1. 굳어진 미간을 부드럽게 펴고, 편안한 미소를 지어 본다.
2. 화가 치밀 때는 높아진 목소리 톤을 살짝 낮춰 안정감을 준다.
3. 기쁘고 감사한 순간에는 톤을 살짝 높여 생동감을 더한다.
4. 상대방이 잘 들을 수 있도록, 여유 있는 속도로 또박또박 말해 본다.

내면이 편안해야, 겉으로 우아함이 흘러나온다.

내면과 외면의 끊임없는 줄다리기

　대학교 1학년 때 들어간 기독교 동아리에서 한 살 선배인 남편을 처음 만났다. 독실한 기독교 동아리의 특성 때문인지 멋을 부리지 않은 수수한 모습의 학생들이 많았다. 그중에서도 남편은 패션 테러리스트로 불릴 만큼 외모에 크게 신경을 쓰지 않는 모습이었다. 여름이면 면도를 제대로 하지 않은 얼굴과 편한 반바지 차림에 정장 양말을 신고 스포츠 샌들을 착용하는 것이 일상이었으니 말이다. 지금은 치아 교정을 한 상태이지만 당시에는 치아의 돌출로 부정교합이 심해 남들이 봤을 때 매력적인 느낌의 외모는 아니었다.

　반면, 나는 평소에도 옷을 갖추어 입는 편이었고, 4학년이 되어서는 아나운서를 준비하며 외모를 더욱 가꾼 상태였다. 대학교 4학년쯤 우리가 교제한다고 공개적으로 밝혔을 때 사람들의 반응은 뜨거웠다. 우리 둘의 이미지가 서로 잘 어울리지 않는다는 생각에 의외라는 반응이었고, 비밀스레 내가 더 아깝다는 말을 많이 들었다. '그의 보석과도 같은 마음을 사람들은 왜 몰라줄까? 외모가 다가 아닌데 진짜를 알아보지 못하네.'라고 생각했다. 남편과 사랑에 빠지려고 외모가 보이지 않았던 건지, 내가 원래 외모를 잘 보지 않는 사람인지 그 중간 어디쯤인 것 같다.

그런데 살다 보니 그 사람을 오래 겪어보지 않고서는 드러나지 않는 내면을 제대로 알 방법이 거의 없다는 것을 깨달았다. 우리가 누군가를 판단할 때 가장 빠르고 직관적인 방법은 겉모습을 통해 보이지 않는 내면을 읽어내는 것이다.

현재 남편은 나름대로 옷차림에 신경을 쓰고, 자신에게 잘 어울리는 스타일을 찾아서 연출하려는 모습도 보인다. 이제는 어디에 가든지 지적이면서 인상이 편안하고 호감이라는 이야기도 자주 듣는다. 회사에서 남편이 착용한 아이템의 구매처를 묻는 직원들도 생겨났으니 놀랄 일이다.

문득 대학생 때와 지금의 마음가짐이 어떻게 달라졌길래 외모를 잘 관리하게 되었는지 궁금해서 물었다. 그랬더니 "그때는 나만 생각했지. 남들에게 큰 관심이 없어서 내 마음대로 하고 다녔어."라고 말했다. 확실히 현재의 남편은 그때보다 사람들과 훨씬 더 잘 소통하고 배려하며 수용적인 모습을 갖추고 있다. 사람들에게 건강한 관심을 갖게 된 내면의 변화가 외적인 모습에도 영향을 미친 것이다. 그렇게 달라진 외면은 긍정적인 사회적 이미지를 만들었고, 이는 다시 적극적인 소통을 이끄는 선순환으로 이어졌다.

마이클 오비츠Michael Ovitz는 미국 최대 에이전시인 CAA의 사장을 지낸 인물이다. 이제 그의 이야기를 해 보려고 한다. 그가 사장을 역임했던 1970년대 미국에서는 이전에 주로 작업복이었던 청바지 패션이 점차 확산되면서 하나의 문화로 자리 잡기 시작했다. 편한 청바지와 티셔츠 차림이 유행하고 있는 상황에서도 마이클 오비츠는 복장에 대한 원칙이 남달랐다. 그는 일할 때 항상 짙은 색의 품위 있는 정장을 입고 다녔다. 직원들에게 복장 규정에 대해 대놓고 말하지는 않았지만 분명히 영향을 미쳤을 것이다.

어느 날, 편한 차림의 직원을 만났을 때 연예인이라서 그렇게 입은 것이냐는 의미를 담아 "자네, 오늘 촬영장 나가나?"라고 말한 것이 소문이 나기 시작하며 회사가 술렁거렸다. 이후 정장 차림의 복장 규정은 말하지 않아도 지켜지는 회사의 암묵적인 문화가 되었다.

마이클 오비츠는 귀한 자리에 가는 듯 잘 차려입은 옷차림이 회사의 이미지를 보여 준다고 생각했다. 실제로 직원들의 잘 갖춘 모습은 거래처나 상대방으로부터 특별한 존중을 얻는 데 도움이 되었다고 밝혔다.

그러나 1990년대 중후반부터 빌 게이츠Bill Gates와 故 스티브 잡스Steve Jobs 같은 IT 업계 최고경영자들이 공식 석상에서도 편안한 복장을 즐겨 입기 시작하면서 정장의 시대는 막을 내렸다. 아무리 더운 날에도 흰색 셔츠와 넥타이를 고집했던 미국 최대 은행 JP모건을 비롯해, GE와 IBM도 자유로운 복장문화를 허용하기 시작했다.

우리나라는 어떨까. 최근 주변 직장인들을 보면, 완벽한 정장 차림을 요구하는 기업은 사실상 찾아보기 어렵다. 대부분은 '비즈니스 캐주얼' 범위 안에서 자유로운 복장을 허용하고 있다. 그런데 비즈니스 캐주얼의 정확한 의미나 기준이 명확히 제시되지 않다 보니 사전적으로 '격식을 차리지 않는'이라는 뜻의 '캐주얼'로만 받아들이는 경우가 많다. 실제로 기본적인 품위나 매너를 갖추지 않은 복장으로 근무하는 직장인이 적지 않아, 이에 대한 고민을 토로하는 기업 대표들을 종종 보았다. 고객과 파트너, 그리고 기업 문화를 고려한 복장을 갖출 수 있도록 교육해 달라는 요청을 받아 해당 기업에 강의를 다녀온 적도 여러 번 있다.

비즈니스 캐주얼은 일반적인 캐주얼과 달리 유럽식 복식에 뿌리를 두고 있다. 유럽인들은 나보다 남을 먼저 배려하는 문화에 익숙하며, 옷차림에도 '나름의 원칙'을 세워 어떤 파트너를 만나더라도 기본적인 품위와 매너를 잃지 않으려 한다. 예를 들어, 영국인들은 더운 여름에도 단순히 편안함과 시원함만을 추구하지 않는다. 대신 리넨 재킷이나 가벼운 팬츠를 착용해 소재의 시원함을 살리면서도 품위를 유지한다. 이는 '나만 편한' 옷차림이 아니라 '나도 편하고, 남이 보기에도 편안한' 옷차림을 지향하는 태도다.

개성과 자율을 추구하는 복장 문화를 거스를 수는 없지만 비즈니스 현장의 특성을 고려한 나름의 원칙은 필요하다. 이를 잘 실천하고 있는 기업이 현대카드이다. 현대카드는 2016년, 정장만을 허용하던 기존 드레스 코드를 개편해 정장을 기본으로 하되 청바지와 운동화까지 포함하는 비즈니스 캐주얼을 허용했다. 이는 자유롭고 창의적인 디지털 기업으로 도약하기 위해 구성원의 개성과 창의성, 그리고 업무 편의성을 존중하자는 판단에서였다. 다만 금융업의 특성을 고려해 '외부와의 비즈니스 미팅이나 프레젠테이션이 가능한 수준의 복장'이라는 원칙을 세웠고, 과도한 색상이나 무늬, 지나치게 짧은 치마, 깊게 파인 상의는 허용하지 않았다. 금융업은 무엇보다 신뢰감을 주는 이미지가 중요하기에, 현대카드는 복장을 유연화하면서도 원칙을 갖춘 비즈니스 캐주얼 문화를 구축해 간 것이다.

기업 성과 발표를 앞둔 30대 여성인 S 씨를 코칭한 적이 있다. 그녀를 만나 스피치와 자세, 제스처 등 많은 부분을 피드백해 주었지만 복장에 대해 따로 언급하지는 않았다. 스피치 중 스킬적으로 보완해야 하는 부분이 많아 복장에 대해 말할 시간적 여유가 없기도 했다. 그런데 코칭을 마무리하는 시점에 그녀는 "강사님, 저도 강사님처럼 말하고 싶어요. 그리고 강사님과 똑같은 복장으로 발표하고 싶어요."라고 말했다. 당시 그녀는 편안한 청바지에 티셔츠 차림인 상태였고, 평소 격식 있는 차림을 즐겨 입지는 않는다고 했다. 그런데 눈앞에 있는 나를 닮고 싶다는 마음에서 자연스럽게 복장의 중요성을 느꼈던 것 같다.

성과발표회가 있던 날, 코칭을 받았던 사람들의 발표를 지켜보던 중 그녀가 무대에 섰다. 놀랍게도 그녀는 코칭 당시 내가 입었던 복장과 거의 같은 차림을 하고 있었다. 네이비 스커트에 금장 장식이 달린 네이비 니트 재킷을 매치한 모습이었다. 네이비 색상은 어느 자리에서나 지나치게 무겁지 않으면서도 적당한 권위를 표현할 수 있는, 말 그대로 만능 무기와 같은 색이다. 그래서 중요한 자리에는 큰 고민 없이 네이비색 의상을 한 벌로 입고 나가는 경우가 많다. 그날 그녀의 발표는 향상된 말하기 실력에 더해, 평소와 다른 격식 있는 의상까지 어우러져 한층 인상 깊게 다가왔다. 그녀의 놀라운 변화 덕분에 나 역시 관계자들로부터 많은 칭찬을 들을 수 있었다.

"깊게 생각하지 않는 사람만이 외모를 중시하지 않는다."

아일랜드 출신 극작가 오스카 와일드Oscar Wilde의 말이다. 이는 단순히 외모가 중요하다는 뜻이 아니라 개인의 생각이 겉모습을 통해 드러난다는 의미다. 상황과 업무의 특성, 그리고 상대방에 대한 예의를 고려한 차림새 속에서 그 사람의 태도와 전문성이 나타난다. 내면을 잘 갖추는 것과 더불어 그 내면을 외모를 통해 효과적으로 드러낼 때 한 사람의 이미지는 비로소 조화롭게 완성된다.

자신에 대해 친절하게 설명하고 분명하게 표현된 것만이 상대방에게 온전히 닿을 수 있다. 우아한 옷차림이 곧 그 사람을 우아하게 만드는 것은 아니지만, 우아함은 반드시 자연스럽고 단정하며 적절한 옷차림을 수반한다. 내면을 아름다운 보석으로 채우고 있는가. 이제는 그 보석의 빛을 드러내 보자. 마치 팽팽한 줄다리기처럼 외면과 내면 사이의 끊임없는 균형감각을 유지하면서 말이다.

 하루 한 문장, 우아하게 말하기 실천 팁

적절한 옷차림으로 내면의 빛을 드러내라

1. 나도 편하고, 남이 보아도 편한 옷차림을 선택하세요.
2. 전문성을 보여 주고 싶다면, 상황이나 업무, 그리고 만나는 사람에 대한 배려가 담긴 의상을 고르세요.
3. 무엇을 입을지 망설여진다면, 무겁지도 가볍지도 않은 네이비 컬러를 활용하세요.

품위 있는 옷차림은 신뢰감을 입히는 일이다.

내 안에서
사랑을 발견하기

하버드대학교 마이클 샌델Michael Sandel의『정의』, 예일대학교 셸리 케이건Shelly Kagan의『죽음』과 함께 아이비리그 3대 명강으로 손꼽히는 강의가 있다. 바로 탈 벤 샤하르Tal Ben-Shahar의『행복』수업이다. '행복'을 주제로 하버드대학교에서 열린 그 강의는 역사상 가장 많은 사랑을 받은 강의 중 하나로 기록되었고, 전 세계적으로 '행복학' 열풍을 이끌었다. 그만큼 사람들은 '행복을 인생의 중요한 목적'으로 여기며 진정으로 '행복해지는 방법'을 알고 싶어 한다.

과거 부모님 세대는 '행복'이라는 주제를 대놓고 말하기를 민망해 하거나, 그것을 사치처럼 여기는 경우도 많았다. 열심히 일해서 돈을 벌고, 그 돈으로 자녀를 잘 키우는 것이 자신의 행복보다 앞서는 가치였던 것이다. 요즘은 오히려 그 반대 방향으로 무게추가 기운 듯하다. 타인을 아끼고 사랑하기보다 자기 자신을 우선하고 나를 위해 사는 것이 더 중요한 가치처럼 여겨지는 모습도 종종 보인다.

우리는 인생의 즐거움을 위해 돈을 벌고, 쌓인 재산으로 많은 것들을 누릴 때 행복해질 수 있다고 믿는다. 하지만 샤하르를 비롯해 데이비드 마이어스David Myers, 대니얼 카너먼Daniel Kahneman 등 유수의 학자들은 "의식주의 기본적인 욕구를 충족하고 나면, 그 이상의 재산은 행복감을 높이는 데 큰 도움이 되지 않는다."라고 밝혔다. 재산이 늘어나면 행복도 비례해서 늘어날 것 같지만 어느 시점부터는 오히려 줄어든다는 결과도 연구를 통해 입증되었다. 이에 샤하르는 행복에 대해 '의미와 즐거움의 조합'이라고 정의하고 있다. 돈으로 어느 정도의 즐거움을 누릴 수는 있어도, 의미가 빠져 있으면 참 행복을 느끼기는 어렵다는 것이다.

인생의 의미는 어디서 찾을 수 있을까. 바로 '사랑하고 사랑받는 것'이다. 내가 죽음을 맞이하는 순간, 세상에서 누리던 그 무엇도 의미가 없어지는 날이 오면 어떨까 생각해 본다. 그저 사랑의 마음과 말을 소중한 이에게 아낌없이 전하고 싶다. 부모님과 이별해야 하는 순간 역시 무엇이 가장 안타깝고 후회로 남을까. 바로 사랑을 맘껏 표현하지 못한 순간이리라. 이처럼 사랑은 우리가 인생에서 가장 큰 목적으로 삼을 만큼 의미 있고 가치 있는 것이다.

사랑을 물에 비유해 보자. 내 물컵에 물이 가득 채워지고도 남아 넘쳐서 흐를 만큼 많다면 누군가에게 물을 흘려보내는 일은 어렵지 않을 것이다. 그래서 신적인 사랑을 알고, 경험한 사람은 자기 자신이 할 수 없는 정도의 큰 사랑을 상대방에게 베풀 수 있게 된다. 그중에는 상황이나 처지와 상관없이 어려운 이들의 아픔을 깊이 공감하고 이타적인 삶을 사는 분들이 많다. 그러나 많은 물이 아니어도 작은 물 한 방울의 사랑을 실천하고 그 사랑이 나에게 되돌아오는 것을 경험하면서 사랑의 선순환을 만들어나갈 수 있다.

20세기의 영화와 패션 아이콘으로 칭송을 받았던 오드리 헵번 Audrey Hepburn은 사랑스럽고 우아한 외모만큼이나 아름다운 내면으로 시대를 초월한 사랑을 받고 있다. "사랑은 최선의 투자이다. 많이 줄수록 훨씬 많이 받기 때문이다."라는 말은 삶에 대한 그녀의 태도를 보여 준다.

그녀는 매우 불우한 어린 시절을 보냈다. 여섯 살 때부터 아버지 없이 살았고, 2차 대전의 한복판에서 먹을 것이 없어 굶기 일쑤였다. 쓰레기장에서 음식 쓰레기를 발견하면 너무 반가워 상한 것인지 따지지도 않고 먹을 정도였다고 한다. 이때 영양실조의 영향으로 유명한 배우가 된 후 생을 마감하는 때까지도 매우 가냘픈 체형을 유지하게 되었다.

그녀는 영화배우로서 큰 성공을 거두었음에도 자신의 행복만을 추구하지 않고 세계 각국의 어려운 아이들을 위한 인권운동과 자선 사업을 위해 힘썼다. 어려운 시절의 고난이 이기적인 방향으로만 영향을 미치지 않고 자신을 아끼면서도 동시에 이타적인 사랑을 꽃피우도록 한 것이다.

나의 아픔이 크기에 누군가를 향해 사랑의 태도를 가질 여유도, 의지도 없는 이들이 있을 줄 안다. 누군가에게 이타적인 사랑을 받아보지 못했기 때문에 어떻게 사랑을 해야 할지 잘 모르는 막막함도 있을 것이다. 자신을 먼저 잘 보듬어야만 그 채워진 힘으로 다른 이들을 사랑으로 대할 수 있는 것도 맞는 말이다. 그러나 같은 어려운 일을 겪더라도 원망과 좌절, 포기가 아닌 사랑으로 살아가기를 선택하는 사람도 있다. 어떤 상황에서도 우리가 스스로 선택하고 결정할 수 있는 부분은 분명히 있다.

사랑은 남에게 주기만 하는 것 같지만 사실은 자신을 가장 아끼고 사랑하는 방법의 하나이다. 예방의학 전문가인 피터 한센Peter Hansen 박사는 이렇게 말했다.

> "현대인이 건강을 위하여 규칙적인 운동, 질 높은 수면, 술과 담배 같은 해로운 습관을 버리는 것이 50점이라면, 나머지 50점의 건강 관리법은 바로 '사랑'이다."

사랑은 할수록 창조적인 에너지를 만들어 내며, 면역력을 높이고 스트레스를 줄여 심리적 안정감을 준다. 예를 들어, 누군가를 사랑과 친절의 태도로 대할 때, 우리 뇌는 자연스럽게 옥시토신과 도파민을 분비한다. 이 호르몬은 기쁨과 만족을 유발하고, 신체에 긍정적인 변화를 가져오는 자연스러운 보상 시스템으로 작용한다.

행복학의 대가 탈 벤 샤하르 교수는 『일생에 한 번은 행복을 공부하라』에서 행복을 간접적으로 형성하는 방법 중 하나로 '관계의 안녕 Relational Wellbeing'을 강조한다. 그 핵심은 '공감'과 '베풂'에 있다. 그는 '남에게 베풀 때, 결국 자신에게도 베풀게 된다'는 역방향의 순환을 함께 강조한다. 주변 사람에게는 관대하면서도 정작 자신에게는 지나치게 가혹한 태도를 보이는 이들이 있다. 그러나 건강한 사랑의 관계를 맺기 위해서는 자신을 먼저 잘 돌볼 수 있어야 한다. 샤하르 교수는 이러한 사람들에게 남을 배려하듯 자신에게도 따뜻한 태도를 적용해 보라고 조언한다.

내 주변에는 부당한 대우를 받고 이용당하며, 억울한 일을 겪은 탓에 마음이 메말라버린 친구들이 있다. 그들이 상처받은 마음을 털어놓았을 때, 나는 "그럴 땐 누구라도 미움을 갖는 게 당연해."라며 그 미움과 원망의 감정을 부추기지 않았다. 대신 그들이 과거에 받았던 사랑, 어려울 때 손을 내밀어 준 사람들, 맑고 따뜻한 마음으로 타인을 대했던 자신의 모습을 하나씩 떠올려 보게 했다. 그 과정은 자신을 더 나은 감정과 환경에 놓이게 하는 일이자, 마음속에 남아 있던 사랑의 불씨를 다시 피워 올리는 여정이었다. 그들은 점차 마음을 열어 사람들을 다시 신뢰하고 수용하며, 친절한 태도로 새로운 관계를 형성해 나갔다.

우리 마음속에는 여전히 누군가를 사랑의 태도로 대할 힘이 남아 있다. 동시에 사랑을 받고 싶은 욕구도 여전히 존재한다. 그렇다면 이제부터는 사랑받기만을 기다리지 않고, 내 안의 작은 사랑을 먼저 발휘해 보자. 보이지 않는 사랑을 보이도록 실천하는 방법은 바로 우리의 말과 행동이다. 사랑하는 마음이 생겨나지 않을 때는 '만약 내가 사랑한다면 어떻게 말하고 행동할까?'를 상상해 보면 도움이 된다. 마치 실제 사랑하는 사람을 대하는 것처럼 말하고 행동하면 우리의 마음도 이전보다 더 큰 사랑으로 채워지게 된다. 우리의 태도가 우리를 그러한 사람으로 변화시켜 가는 것이다.

상대방에게 긍정적인 감정이 없는데도 친절하게 말하려 하면, 마치 가면을 쓴 듯한 위선처럼 느껴져 거부감이 들 수도 있다. 그러나 자신의 마음을 깊이 들여다보면, 그 말과 행동이 어디서 비롯되었는지를 알 수 있다. 진심으로 사랑하고, 진실하게 대하고 싶은 마음에서 비롯된 태도라면, 그것은 절대 가식이 아니다. 그것은 사랑을 실천하기 위한 연습이며, 더 나은 나로 성장하기 위한 훈련이다.

"사랑하고 사랑받을 수 있는 능력이 대인관계의 핵심이다."

한때 나는 이 문장으로 강의를 마무리하곤 했다. 그만큼 이 말이 내 삶에, 내가 전하는 모든 메시지에 있어 가장 본질적인 가치라고 믿었기 때문이다. 내가 가르치는 모든 지식의 마지막에 언제나 이 문장을 덧붙이고 싶다는 바람도 있었다. 그리고 지금, 다시 한번 진심을 담아 전하고 싶다.

"사랑의 기술을 실천해 보세요. 그것은 타인을 위한 길이자, 결국 자신에게도 가장 깊은 행복을 안겨주는 길이 됩니다."

 하루 한 문장, 우아하게 말하기 실천 팁

내 안의 잠자는 사랑을 깨우기 위한 방법

1. 상대방을 친절과 사랑으로 대하는 것이 나를 아끼는 일임을 깨닫기
2. '내가 누군가를 사랑한다면 어떻게 대하고 행동할까?' 사랑의 모습 상상해 보기
3. 긍정적인 마음이 크지 않을지라도, 사랑하는 듯한 말과 행동으로 먼저 실천하기

내가 먼저 사랑의 태도를 선택할 때, 그 사랑은 결국 나에게 돌아온다.

눈과 귀를
좋은 환경 가운데 두라

　대학교 전공 수업 중 하나였던 '미디어 비평' 시간에 한 편의 영화를 본 적이 있다. 제목은 정확히 기억나지 않지만, 내용은 사람들의 뒤틀린 욕망과 불만족을 비정상적인 방식으로 해소하는 모습을 다루고 있었다. 이전까지 자극적인 영화나 드라마에 노출된 경험이 거의 없던 나로서는 편안한 마음으로 감상하기가 무척 어려웠다. 어떤 장면에서는 두 눈을 질끈 감은 채 화면을 제대로 마주하지 못하기도 했다. 상영이 끝난 뒤에도 불쾌하고 께름칙한 감정이 한동안 마음속을 떠나지 않았다.

　법적으로는 제한 없이 어떤 콘텐츠든 볼 수 있는 나이였지만, 그 이후로도 나는 내 눈을 자유롭게 열어두지 않았다. 마흔이 넘은 지금까지도 여전히 영화나 드라마, 예술작품을 접할 때 기준이 까다로운 편이다. 아무리 작품성이 뛰어나고, 유수의 상을 받았으며, 대중적 인기를 끌고 있다 해도 그 사실만으로 선택하지는 않는다. 내가 더 중요하게 여기는 것은 그것이 내 생각과 감정에 어떤 영향을 주는가 하는 점이다. 무엇을 보는지에 따라 내 내면의 상태도 달라질 수 있기 때문이다.

우리가 접하는 영상 콘텐츠는 우리 현실과 시대를 반영하고 있다는 사실을 잘 알고 있다. 드라마나 영화에 등장하는 장면이 아무리 자극적이고 극단적이라 해도, 실제 현실에는 그보다 더 참혹한 일들이 존재한다. 누군가에게는 세상의 밝고 아름다운 면을 보려는 노력이 현실을 외면하고 단절된 채 살아가는 것처럼 보일지도 모르겠다. 그러나 나는 굳이 작품을 통해서까지 그런 어두운 현실을 마주하고 싶지는 않다. 이미 각종 뉴스를 통해 세상의 잔혹하고 무서운 일들을 충분히 접하고 있기 때문이다. 오히려 그런 영상물을 통해 감정이 불필요하게 우울해지거나 두려움이 커지고, 세상을 왜곡된 시선으로 바라보게 될까 봐 조심스러운 마음이 앞선다.

결국 내가 무엇을 보느냐에 따라 내 감정과 사고, 나아가 내 말과 행동이 바뀐다. 내 마음이 편안하고 여유로울 때, 부정적인 감정보다 긍정적인 감정과 시각을 가질 때, 만나는 사람들에게 좋은 영향을 줄 수 있다. 그렇기에 나는 오늘도 내 눈과 귀를 좋은 환경에 두기 위해 노력한다.

사랑하는 자녀를 키우며 영상 미디어의 부정적인 영향을 염려하지 않을 수 있을까. 저급한 표현과 폭력적인 장면, 잔혹한 내용이 담긴 영상을 자녀에게 보여 주고 싶은 부모는 없을 것이다. 우리는 아이들이 바르고 아름다운 것을 보며 자라나, 건강한 시각과 따뜻한 성품을 갖추어 가기를 바란다.

그래서 나와 남편은 유튜브 영상을 보여 줄 때도 필요한 경우에만 최대한 내용을 검토하고 선별해서 보여 주고 있다. 특히 부모가 자리를 비운 사이 아이들이 무분별한 영상에 노출되지 않도록 늘 신경을 쓴다. 그런데도 외부에서 친구들과 함께 본 영상의 여파는 생각보다 오래간다. 영상에서 접한 적절하지 않은 단어나 말투를 흉내 내는 모습을 보면 깜짝 놀랄 때가 있다.

한번은 곤충과 동물을 좋아하는 아이들을 위해 관련 유튜브 채널을 보여 준 적이 있었다. 어린이 구독자가 많은 채널이라 안심했지만, 막상 확인해 보니 성인에게조차 불편하게 느껴지는 표현이 반복되어 등장했다. 아이들에게 어떤 영향을 줄지 우려되어 그 이후로는 다시 보여 주지 않았다.

보고 듣는 것에 있어서 나쁜 영향만 받는 것은 아니다. 아이들이 어릴 때 축복의 말과 사랑의 내용이 담긴 노래를 자장가 대신 자주 불러준 시기가 있었다. 그 당시 아이들은 동영상 촬영을 하거나, 주변 분들에게 메시지를 보낼 때마다 "사랑해요!", "축복해요!", "감사해요!"라는 말을 꼭 남겼다. 아이들이 어떤 언어를 접하느냐에 따라 말의 습관이 달라진다는 사실을 눈으로 확인하면서, 나 역시 매일 사용하는 말에 더 신중해야겠다고 느꼈다. 아이들의 언어와 행동 변화를 통해 영상의 영향력을 감지할 수 있었지만, 과연 우리는 일상에서 보고 듣는 것들로부터 어떤 영향을 받고 있는지, 그리고 그것을 얼마나 자각하고 있는지를 자문하게 되었다.

　우리 집은 가구나 물건이 적다. 서랍 속속들이 완벽히 정리되어 있지는 않아도 전체적으로 보기에 단정하고 깨끗한 편이다. 나 자신이 워낙 시각적인 것에 민감해서 눈에 보이는 것들을 보기 좋게 잘 갖추어 두려 노력한다. 그런 영향인지 우리 집에 다녀간 사람들은 종종 '집이 주인을 닮았다'는 말을 한다. 내가 중요하게 여기는 가치와 감각이 생활 공간에도 자연스럽게 반영되어 있다는 뜻일 것이다.

　정돈된 공간에 머무는 것은 우리의 눈을 쉬게 한다. 눈이 편안해야 마음도 차분해지고, 좋은 감정이 자연스럽게 일어난다. 자연이 아름답고, 탁 트인 전경을 마주할 때 힐링을 경험하는 것도 이와 같은 이치다. 우리가 일상적으로 지내는 공간, 매일 마주하는 시선의 풍경이 정돈되고 보기 좋게 갖추어져 있다면, 우리의 내면 역시 더 안정되고 긍정적인 방향으로 흐를 수 있다.

　『뇌, 욕망의 비밀을 풀다』 책에서는 시각적 메시지가 뇌에 미치는 영향력을 이렇게 설명한다.

"눈은 1초당 뇌에 1,000만 비트의 정보를, 귀는 100만 비트의 정보를 보낸다. 후각과 그 밖의 다른 감각기관은 1초당 10만 비트의 정보를 뇌로 보낸다. 다 합쳐서 1초당 1,110만 비트의 정보를 뇌로 보낸다. 신경정보학자들은 고객이 1초당 40비트의 정보만 자신의 의식에 보내는 것으로 추정하고 있다. 그러니까 0.00004%만 고객의 의식에 들어가는 셈이다. 따라서 의식은 정보 전체가 아니라 그중 일부를 선별한 결과일 뿐이다."

우리가 어떤 시각적 자극에 노출될 때, 뇌는 이를 대부분 무의식적으로 처리하기 때문에 의식적으로 인지하지 못하는 경우가 많다. 성인이 된 우리 역시 단 몇 초간의 시각적 자극만으로도, 자신도 모르는 사이 방대한 양의 정보가 뇌에 각인된다는 사실을 인식할 필요가 있다. 눈과 귀, 특히 눈은 우리가 자각하지 않더라도 외부 자극에 깊은 영향을 받을 수밖에 없는 민감하고 중요한 기관이다. 최근 들어 내 말속에 친절하지 못한 표현, 거친 말투, 부정적인 시각에서 나온 언급이 잦아졌다면, 내가 평소에 보고 듣는 것과 관련된 생활 방식을 점검해 보는 것도 좋은 방법이다.

미국에 있는 친구와 몇 년 만에 통화를 했다. 결혼과 동시에 미국으로 건너가 10년 넘게 해외에서 생활하고 있는 친구였다. 영어 실력은 자연스럽게 늘었지만, 모국어가 아닌 언어로 깊이 있는 대화를 나눈다는 것은 생각보다 훨씬 어려운 일이었다. 그곳에서 교류할 수 있는 한국인들의 범위도 제한적이어서 자연히 대화의 주제 역시 자녀 양육이나 생활과 관련된 이야기들로 좁혀졌다. 그렇게 지내다 보니 언어 감각이 정체된 듯한 느낌이 든다고 했다. 평소에는 별다른 불편을 느끼지 않지만, 격식을 갖춰야 하는 중요한 자리에 서면 자신의 생각과 마음을 정확하게 표현할 단어가 떠오르지 않아 당황스러울 때가 많다고 했다.

친구의 이야기를 들으며 깊이 공감했다. 오늘날 세계적인 강연가이자 동기부여 전문가인 브라이언 트레이시Brian Tracy는 우리가 자주 어울리는 사람의 말버릇뿐 아니라 삶의 방식까지도 점차 닮아간다고 말한 바 있다. 누구를 만나 어떤 대화를 나누느냐는 우리의 언어 확장에 분명한 영향을 미친다. 자주 만나는 이가 사용하는 단어를 어느새 나도 쓰고 있고, 그 사람의 언어 습관을 닮아 있는 자신을 발견할 때가 있다. 자신의 생각과 감정을 한 번이라도 제대로 표현해 볼 수 있는 대화는 언어를 자라게 한다. 그 대화가 긍정적인 방향으로 흐른다면 더욱 큰 성장으로 이어질 것이다.

내 눈과 귀가 어떤 환경에 놓여 있는지를 자연스레 돌아보게 된다. 감사하게도 내가 자주 만나는 사람 중에는 상황을 끊임없이 불평하거나 부정적인 말로 가득 채우는 이들은 없다. 다른 사람을 험담했던 기억도 쉽게 떠오르지 않는다. 오히려 힘든 상황을 이겨낼 수 있도록 격려해 주고, 미래에 대한 희망과 기대를 이야기해 준다.

또 내가 평소 가지고 있는 생각과 마음을 인식할 수 있도록 날카롭고 사려 깊은 질문을 던져주기도 한다. 그런 관계 안에서 나와 나의 언어는 꾸준히 성장하고 있다.

우리가 주고받는 말은 서로의 삶을 지켜내는 힘이 된다. 결국 내 눈과 귀를 좋은 환경과 관계 속에 둔다는 것은 나 자신을 가장 건강하게 돌보고 아끼는 길이다.

 하루 한 문장, 우아하게 말하기 실천 팁

내 눈과 귀를 보호함으로써, 생각과 감정이 머무는 공간을 맑게 하라

1. 내가 자주 접하는 영상물과 콘텐츠는 어떤 메시지를 담고 있는가?
2. 일주일 동안 나눈 대화의 주제는 무엇이었는가?
3. 내 눈과 귀를 좋은 자극 속에 두기 위한 나만의 원칙을 정해 보자.

말은 마음을 닮고, 마음은 머무는 환경을 닮는다. 오늘, 나의 눈과 귀가 머무는 곳부터 살펴보자.

글쓰기를 통해
당신만의 언어 세계를 구축하라

누군가와 대화를 나눌 때, 자기 생각이나 감정을 어떻게 표현해야 할지 몰라 한참을 망설였던 기억이 누구에게나 있을 것이다. 나는 그런 고민을 덜어주는 사람이었다. 마치 그 사람의 마음속을 들여다보고 나온 듯, 적절한 단어로 대신 표현해 줄 때면 '속이 다 시원하다'는 반응이 돌아왔다.

상대의 마음에 닿는 단어들이 문득문득 떠오를 때면, 나 자신도 신기하게 느껴지곤 한다. 언어적 재능이 특별히 뛰어난 것도 아니고, 그동안 자랑할 만큼 많은 책을 읽은 것도 아닌데, 도대체 어디서 이런 단어나 문장이 나오는 걸까?

돌이켜보니 꽤 오랜 시간 글을 써오며 생각을 정리해 온 경험이 내 안에 켜켜이 쌓여 있었다. 대학에 입학한 이후로 누가 시키지 않아도 거의 매일 기도문 형태의 글을 썼다. 새로운 환경 속에서 마주한 수많은 일은 내게 다양한 감정을 불러일으켰다. 같은 과의 우수한 친구들을 보며 열등감이나 부러움을 느끼기도 했고, 개인 과제를 제출할 땐 아이디어가 떠오르지 않아 답답함을 겪었다. 팀 프로젝트를 진행할 땐 맡은 역할을 제대로 해낼 수 있을지 긴장하곤 했다.

힘든 감정만 있었던 것은 아니다. 과제 프레젠테이션을 마친 뒤 교수님께 인정받았을 때는 뿌듯함과 감사함이 밀려왔다. 시도해 본 적 없던 새로운 스타일의 옷을 입고 좋은 반응을 얻은 날은 하루 종일 기분이 좋았다. 누군가에게 쉽게 털어놓을 수 없는 수많은 생각과 감정을 간절한 기도처럼 솔직하게 써 내려가다 보면, 따뜻한 신의 사랑이 마음 가까이 와닿는 듯한 위로를 받곤 했다. 또한 보이지 않는 생각과 감정을 글로 표현하기 위해서는 그만큼 깊이 있는 사유가 필요했다. 그렇게 고요히 생각을 다듬어 탄생한 문장들은 내 삶을 점검하게 했고, 더 나은 방향으로 나아갈 용기를 북돋워 주었다.

글쓰기는 직장에 들어간 이후에도 계속되었다. 집에서 멀리 떨어진 울산에서의 첫 직장생활은 가족과의 첫 장기적인 이별이기도 했다. 아나운서라는 직업, 처음 경험하는 직장 문화, 낯선 기숙사 생활까지 모든 것이 새로웠다. 낯설고 긴장되는 순간마다 나는 다시 글을 썼다. 눈물이 날 듯 복잡한 감정들도 글로 풀어내고 나면, 어느새 마음이 한결 가벼워졌다.

감정이 정화되고 나면, 나를 힘들게 했던 사람이나 그로 인해 들었던 모진 말에 더 이상 집중하지 않게 된다. 굳이 다른 이들에게 부정적인 감정을 털어놓고 쏟아내지 않아도, 스스로 충분히 회복할 수 있었다. 직장에서 만나는 사람들로 인해 때때로 마음이 상할 때도 있었지만, 다시금 좋은 마음으로 대하고 사심 없이 웃으며 이야기를 나눌 수 있었던 데에는 이 글쓰기의 힘이 크게 작용했다.

프리랜서로 일하는 지금도 그 습관은 계속되고 있다. 강의장에 미리 도착해서 글을 쓰거나, 이동 중 틈틈이 휴대폰에 짧게나마 감정을 기록한다. 지인들과 오랜만에 만나 근황을 나누다 보면 "요즘 어떻게 지내?", "마음은 어때?"라는 질문을 주고받곤 한다. 내가 아는 어떤 친구는 이런 질문을 받을 때마다 "글쎄, 잘 모르겠어."라는 말을 자주 한다. 평소에 자신의 감정을 들여다보거나 글로 표현해 본 경험이 없다면, 막상 어디서부터 무엇을 어떻게 말해야 할지 막막해질 수 있다. 대화는 점차 가벼운 일상 이야기나 표면적인 주제로 흐르게 된다.

하지만 평소에 나의 상황과 감정을 글로 먼저 꺼내 보았다면, 그 감정은 한 차례 정리된 상태이기에 말로 표현하기도 훨씬 수월하다. 삶과 관련된 어떤 질문을 받더라도, 자신만의 언어로 명확하고 진솔하게 이야기를 풀어낼 수 있다.

또한 상대가 자신의 마음이나 생각을 정확히 표현하지 못해 망설일 때도, 먼저 공감하며 들을 수 있는 '마음의 귀'가 열린다. 이미 비슷한 감정과 생각을 언어로 표현해 본 경험이 있기에 그 사람의 이야기에 더 쉽게 몰입할 수 있다. 상대의 말속에서 그 주제를 관통하는 핵심 키워드를 발견하는 것도 어렵지 않다. 그리고 내 마음을 대변해 주는 듯한 정확한 키워드가 등장하는 순간, 두 사람의 마음은 더 깊은 유대감으로 이어지고, 그 대화는 어느새 짜릿하고도 행복한 시간이 된다.

발표 코칭을 하다 보면 교육생들에게 이런 질문을 받는다.
"강사님, 어떻게 하면 발표를 매끄럽게 잘할 수 있을까요?", "청중에게 주제를 강조해 말하고 싶은데 적절한 표현이 생각이 안 나네요."

발표 무대는 알고 있는 내용을 두서없이 줄줄 말하고 들어오는 자리는 아니다. 주어진 시간에 전달하고 싶은 내용을 명확하고 설득력 있게 말해야 하는 자리다. 당연히 연습 없이 한 번에 잘 될 리가 없다.

교육생들에게 추천하는 연습 방법은 미리 글로 작성해 보는 것이다. 나 역시 처음 시도하는 주제의 강의를 연습할 때 사용하는 방법이다. 강의안을 먼저 만들고, 슬라이드 장표 아래에 있는 노트에 어떻게 말할지를 고민하며 글로 작성해 본다. 다만 글로 원고를 작성하는 이유는 원고를 보고 그대로 외워서 발표하기 위한 목적이 아니다. 글로 짜임새 있게 구성하고, 그 주제를 가장 효과적이고 명확하게 표현할 수 있는 나만의 표현 방법을 찾기 위해서다.

글을 쓸 때는 말할 때보다 더 많은 생각과 고민이 필요하기에 평소에는 떠오르지 않던 인상적인 표현이 글을 쓰는 과정에서 만들어지기도 한다. 나 자신이 먼저 설득되어야 진정성을 담아 타인을 설득할 수 있다. 내 마음을 사로잡는 단어나 문장이 떠올랐을 때, 청중을 설득할 수 있다는 확신이 생긴다. 같은 내용이라도 어떻게 표현하느냐에 따라 전달력과 몰입도가 달라진다. 내 발표를 생생하게 살아 움직이게 만들어 줄 나만의 언어가 반드시 존재할 것이다.

만약 아무리 애써도 머릿속에서 적절한 표현이 떠오르지 않아 한계를 느낀다면, 다른 작가의 문장이나 매체의 도움을 받아보는 것도 좋은 방법이다. 글을 쓰고자 하는 의지와 표현력을 더 키우려면 자극과 동기부여가 필요하다. 말을 잘하는 사람을 만나면 나도 말을 잘하고 싶어지듯이 말이다.

내 컴퓨터의 개인 자료 폴더에는 내가 좋아하는 심리학자의 말, 감명 깊게 읽었던 책의 구절, 마음을 움직이는 문장 등 강의할 때 참고할 만한 자료들이 가득 담겨 있다. 책이나 영상을 보다가 마음에 와 닿는 내용이 있을 때마다 저장해 둔 것들이다. 컴퓨터를 사용할 수 없는 상황에서는 휴대폰의 카카오톡 '나와의 채팅' 기능을 활용해 기억하고 싶은 문장들을 보내 놓기도 한다. 무엇이든 기록하고 남겨두어야 비로소 자산이 된다는 사실을 알게 되었기 때문이다.

글을 잘 쓰고, 말을 잘하는 사람 중에는 통장에 돈을 저축하듯 언어와 관련된 자료를 꾸준히 모아두는 이들이 많다. 좋은 책, 좋은 문장, 좋은 표현을 내 것으로 소화해 내기 위한 과정이다. 글쓰기 실력을 높이고자 존경하는 작가의 책을 한 권 통째로 필사하며 표현력을 다듬어가는 분들도 있다.

최근 따라 쓰고 싶고, 활용해 보고 싶은 문장들로 가득한 책을 만났다. 바로 허지영 작가의 『삶이 글이 되는 순간』이다. 내용도 좋았지만, 무엇보다 짧은 문장들이 군더더기 없이 담백하게 다가왔다. 과하게 꾸미지 않아 읽는 내내 술술 잘 넘어갔다. 주제를 정확히 드러내면서도 더 이상 덜어낼 것이 없을 만큼 간결하게 표현할 수 있는 사람이야말로 진짜 고수라는 생각이 들었다.

나는 평소 화려한 문체보다는 담백하고 간결한 표현을 추구하는 편이기에 이 책은 내 말과 글을 훈련하기에 더없이 적합하다고 느꼈다. 품격 있는 언어를 내 것으로 만들고자 욕심을 낸다면, 나만의 언어 세계도 한층 멋지게 확장될 수 있을 것이다.

이 책에는 특히 내 시선을 오래 붙잡아 둔 한 페이지가 있다. 지금처럼 책을 쓰고 있는 내게 기대와 용기를 안겨준 문장이다.

> "글을 쓰다 보면 생각하게 되고, 생각하다 보면 내가 원하는 인생의 모습이 그림으로 그려질 것이다. 희미했던 그림이 또렷이 보일 때 내가 가진 가치를 알게 되고, 글을 통해 표현할 때 새로운 인생이 시작될 수 있다."

나 역시 매일 글을 쓰는 과정에서 마음 깊숙한 곳에 자리한 소원을 확인했고, 한 걸음씩 그 방향으로 나아갔다. 그 시간들이 쌓이며 내가 누구인지 더 선명하게 알게 되었고, 나를 이해할수록 나만의 언어 세계가 점점 확장되기 시작했다.

그렇게 길러진 언어는 결국 밖으로 드러나 우리 존재를 세상에 알리고, 우리의 가치를 인정받게 해 준다. 글쓰기를 통해 자신만의 언어 세계를 구축하라. 그것은 단지 말하기의 성장을 넘어, 인생의 가치를 높이는 놀라운 시도가 될 것이다.

💬 하루 한 문장, 우아하게 말하기 실천 팁

말하기의 성장을 원한다면 글쓰기를 시작하라

1. 나의 생각과 감정을 글로 정리해 보는 습관을 들이자.
2. 좋은 표현, 좋은 문장을 발견하면 말하기에 활용할 수 있도록 기록해 두자.
3. 본받고 싶은 작가의 책에서 명확하고 간결하며 품격 있는 문장을 찾아 따라 써보자.

글쓰기를 통해 다듬어진 언어는 결국 말하기에서 빛을 발한다.

10년 후,
더 아름다워질 나를 꿈꾼다

　대학교 시절, '미래학'과 관련한 교양 수업을 들은 적이 있다. 학자나 전문가의 시선으로 미래에 일어날 일들을 예측해 보는 흥미로운 수업이었다. 어느 날 교수님께서 '10년 후 혹은 20년 후의 자신의 모습을 상상해 글로 표현해 보라'는 과제를 내주셨다. 보통 과제가 주어지면 '이걸 어떻게 해야 하지?' 하며 막막함이 앞서기 마련인데, 이번 과제만큼은 설렘이 더 컸다. 마음속에 늘 품고 있던 꿈과 소망이 많았기에 그것들을 글로 펼쳐내는 일이 그리 어렵지 않았다.

　내가 그려낸 미래의 중심에는 '영향력'이라는 키워드가 있었다. 특정한 직업으로 한정 짓지는 않았지만, 강연하고 책을 출간하며 사람들의 삶에 긍정적인 영향을 주는 모습을 떠올렸다. 말하기와 글쓰기를 통해 자신을 표현하며 살아가는 삶, 그것이 내가 그리던 미래의 자화상이었다. 그리고 그다음으로 큰 비중을 차지한 주제는 '이상적인 가정'에 대한 모습이었다. 남편과 함께 건강한 관계를 이루며 살아가는 부부의 모습 또한 내가 꿈꾸는 미래에 소중히 담겨 있었다.

남편의 모습은 신앙과 핵심 가치관이 나와 잘 맞고, 서로를 지지하며 응원하는 최고의 파트너로 그려졌다. 자녀에 대해서는 홈스쿨링을 통해 가정이라는 건강한 울타리 안에서 바람직한 영향을 받으며 자라나는 모습을 상상하며 글을 썼다. 지금은 워킹맘으로 아이를 키우는 입장에서 감히 상상하기조차 어려운 일이지만, 당시만 해도 아름답고 특별한 가정에 대한 열망이 얼마나 컸는지 새삼 떠오른다.

과제를 제출한 후에는 높은 평가와 함께 우수 학생으로 선정되어 수강생들 앞에서 발표할 기회를 얻었고 교수님과의 특별한 식사 자리에도 초대받았다. 여러모로 좋은 기억이 많은 수업이기도 했지만, 무엇보다 내 미래를 이토록 구체적으로 상상하며 글로 써본 시간이 처음이었기에 더욱 잊지 못할 추억으로 남아 있다. 그리고 무엇보다 놀라운 것은 스무 살 초반의 내가 그렸던 그 미래의 모습과 놀랍도록 닮아 있는 지금의 나를 발견하고 있다는 사실이다.

대학을 졸업한 뒤 나는 아나운서이자 강사로서 대중과 소통하고, 말하기를 가르치는 일을 해 오고 있다. 예상보다 늦은 시기에 시작되긴 했지만, 삶을 글로 표현하고 싶다는 오래된 소망을 잊지 않고 지금 이렇게 책을 쓰고 있다는 사실에 뿌듯함을 느낀다. 돌이켜보면, 내 삶을 이끌어온 것은 결국 장기적인 관점과 마음 깊은 곳에 품고 있던 소망이었다는 것을 깨닫는다.

나는 단지 취업이라는 목표를 위해 직업을 택한 것이 아니라 나의 강점과 소명을 기준 삼아 길을 고민해 왔다. 실내디자인학과에서 신문방송학과로 전과하며 아나운서의 길에 도전했고, 단순히 주어진 대본을 읽거나 외우는 데 그치는 것이 아니라 진심 어린 메시지를 전하고 싶다는 열망에서 강사라는 영역으로도 활동을 확장해 나갔다.

배우자를 선택할 때도 외적인 조건보다 평생 한 방향을 함께 바라볼 수 있는 사람이어야 한다는 기준이 분명했다. 남편은 내가 나다울 수 있도록 가장 가까운 자리에서 응원해 주는 사람이며, 모든 것을 함께 나눌 수 있는 존재이기에 더욱 감사하다. 자녀들이 충분한 사랑과 보살핌 속에서 자라나길 바랐기에 출산 이후에도 줄곧 일의 분량을 조절하며 가정과 일 사이에서 균형을 지키기 위해 노력해 왔다. 나는 언제나 '지금'보다 '10년 후', '20년 후'의 더 먼 미래를 바라보며 선택했고, 그 선택들은 결국 내가 더 나답게, 그리고 더 행복하게 살아갈 수 있는 길로 이어졌다.

사랑에는 언제나 기대와 소망이 깃들어 있다. 사랑이란 단지 지금 이 순간 눈앞에 있는 사람만을 향한 감정이 아니라 그 사람이 앞으로 어떤 모습으로 성장해 갈지를 향한 믿음까지 포함한다. 사랑에는 언제나 '미래'가 담겨 있다.

나에게는 두 자녀가 있다. 자녀를 향한 사랑을 통해, 나는 종종 사랑이 어떤 모양인지 더 깊이 깨닫게 된다. 때때로 내 기준에서 자녀들을 바라볼 때 만족스럽지 않거나 아쉬움이 클 때가 있다. 그러나 부모는 자녀를 사랑할 때 절대 현재의 모습만으로 판단하지 않는다. 지금의 모습이 전부라고 생각하지 않으며, 기대에 미치지 않는다고 쉽게 실망하거나 포기하지 않는다.

부모는 언젠가 더 멋지고 아름답게 성장할 아이의 모습을 그리며, 사랑의 시선으로 자녀를 바라본다. 그리고 아이들은 그 믿음과 기대를 자양분 삼아 자라난다. 우리 삶도 마찬가지다. 자신의 삶을 진심으로 사랑할 수 있을 때, 우리는 더 나은 미래를 그릴 수 있다. 내 삶을 사랑한다면, 미래를 바라보며 오늘을 살아가야 한다.

과거의 심리학은 인간의 문제, 즉 병리적 측면에 초점을 맞추었다. 현재의 행동은 과거의 사건들에 의해 결정된다고 보았으며, 어떤 과거를 살아왔는지에 따라 지금의 나, 그리고 내가 하는 일이 정해진다는 관점을 가졌다. 이 시각은 마치 우리의 의지나 선택권이 무력한 것처럼 느껴지게 한다. 그러나 1990년대 긍정심리학의 등장 이후, 최근 심리학은 인간이 단지 과거에 의해 규정되는 존재가 아니라 오히려 미래를 향해 나아가는 존재임을 강조하고 있다. 우리가 어떤 일을 하든지 미래에 대한 상상력을 발휘하기 때문에 '미래의 나'를 어떻게 바라보는지가 매우 중요하다는 것이다.

벤저민 하디Benjamin Hardy는 저서 『퓨처 셀프Future Self』에서 이렇게 말했다.

> "내가 되고 싶은 미래의 나와 깊이 연결될수록 현재 더 현명한 결정을 내릴 수 있다."

두려움과 부정적인 사고, 단기적인 시야에서 벗어나 보다 적극적이고 장기적인 비전과 사랑을 기반으로 목표를 세워야만 성공적이면서도 행복한 삶을 살아갈 수 있다고 그는 강조한다.

품격 있고 우아한 삶을 살고자 하는 마음은 누구나 막연하게나마 품고 있을 것이다. 다만 그 방향을 향해 적극적으로 나아가지 않을 뿐이다. 그리고 그 선택을 가로막는 가장 큰 장애물은 다름 아닌 '나 자신'이다. 쉽게 이룰 수 없을 것 같은 막막함, 스스로에 대한 낮은 기대, 무엇부터 어떻게 시작해야 할지 모르는 막연함이 우리 발목을 붙잡는다.

그러나 이 모든 것을 뛰어넘기 위해 가장 먼저 필요한 것은 '좋은 것을 반드시 얻고자 하는 갈망Desire'이다. '나는 품격 있는 사람이 되고 싶어'라고 바라는 것만으로는 충분하지 않다. 그것은 단지 '소원Wish'에 불과하다. 소원은 바람직한 상태를 마음속으로 그려보는 데 그치며, 현실을 바꾸기 위한 구체적인 노력을 전제로 하지 않는다. 누구나 한 번쯤 품어보지만, 그저 마음속에서 맴돌 뿐 현실로 이어지지 않는 생각이다.

반면에 갈망은 원하는 것을 얻기 위해 행동하거나 애쓰는 노력을 수반한다. 단순한 바람을 넘어서 삶의 방향을 결정지을 만큼 강렬하고 감정적으로 깊은 상태이다. 내 삶의 태도와 언어 습관을 바꾸어 나가는 일을 그저 가벼운 소원으로 성취하기는 어렵다. 품격 있는 사람이 되고자 하는 더 큰 갈망이 필요하다. 그 갈망으로부터 우아한 삶을 향한 일상의 선택들이 이루어지게 될 것이다.

다음으로는 내가 꿈꾸는 미래의 모습을 그림을 그리듯이 구체적으로 상상해 보는 것을 추천하고 싶다. 지금의 현실이나 조건에 얽매이지 않아도 된다. 나 역시 20대 시절, 영화〈프린세스 다이어리〉를 보며 공주처럼 빛나는 나의 모습을 자주 떠올리곤 했다. 고등학생인 주인공이 어느 날 자신이 왕가의 후계자임을 알게 되고, 점차 공주로 성장해 가는 이야기는 내게도 현실적인 꿈처럼 다가왔다. 비록 평범한 대학생이었지만, 아무도 모르게 나만이 알고 있는 '비밀스러운 공주'인 것처럼, 언젠가는 빛날 날이 올 것이라 믿으며 현재를 살아갔다. 대학교 캠퍼스를 혼자 거닐면서 언젠가 영화 속 공주처럼 국제적인 매너를 갖추고, 사람들 앞에서 당당하게 말하고 싶다는 열망을 품었다. 품격 있는 복장을 갖추고 여유 있는 태도와 사려 깊은 마음으로 사람들을 대하고 싶다는 갈망이 생겨났다. 그리고 삶에서 이를 훈련할 기회를 하나둘씩 찾고 만들어갔다. 비현실적인 인물을 꿈꾸어도 좋다. 나는 심지어 판타지 드라마에 나올 법한 공주의 모습을 상상하곤 했다. 그것이 무엇이든, 내가 진심으로 바라는 모습이라면 마음껏 꿈꾸길 바란다.

지금까지 우리는 품격 있는 삶과 우아한 말하기가 왜 중요한지, 그리고 그것을 어떻게 삶 속에 구현할 수 있을지를 함께 살펴보았다. 이제 그 가치를 실천하고 내 것으로 만드는 일은 오롯이 자신의 몫이다.

이제 우리 각자가 '품격 있는 삶'이라는 이름의 밭을 정성껏 갈아 나가자. 그 꾸준한 노력의 끝에서 1년 후, 5년 후, 10년 후 마침내 보석처럼 빛나는 '아름다운 나'를 만나게 되기를 진심으로 소망한다.

> **하루 한 문장, 우아하게 말하기 실천 팁**

품격 있는 삶, 우아한 말하기를 현실로 이루는 방법

1. 품격 있는 삶을 막연히 소원하지 말고, 간절히 갈망하라.
2. 당당하고 우아하게 말하는 자신의 모습을 생생하게 그리고 구체적으로 상상하라.
3. 우아한 말하기를 장기적인 목표로 설정하고, 그 목표를 오늘의 선택에 반영하라.

마음속 갈망을 행동으로 옮기는 순간, 당신의 말과 삶은 조금씩 품격을 갖추기 시작한다.

**사람을 끌어당기는
우아한 ✦ 말센스**

펴낸날 2025년 9월 5일 1판 1쇄

지은이 신희영
펴낸이 金永先
편집 이교숙
디자인 타입타이포

펴낸곳 알토북스
주소 경기도 고양시 덕양구 청초로 10 GL 메트로시티한강 A동 19층 A1-1924호
전화 (02) 719-1424
팩스 (02) 719-1404
출판등록번호 제13-19호

ISBN 979-11-94655-13-8 (03190)

알토북스와 함께 새로운 문화를 선도할 참신한 원고를 기다립니다.
이메일 geniesbook@naver.com (원고 투고)

- 이 책은 저작권자와의 계약에 따라 발행한 것이므로 본사의 허락 없이는
  어떠한 형태나 수단으로도 이 책의 내용을 사용하지 못합니다.
- 파본은 구입하신 서점에서 교환해 드립니다.